La democracia necesita la religión con urgencia

FRAGMENTOS, 101

Hartmut Rosa

LA DEMOCRACIA NECESITA LA RELIGIÓN CON URGENCIA

SOBRE LA NECESIDAD DE DETENERSE Y SER RECEPTIVOS

Prólogos

GREGOR GYSI

CHARLES TAYLOR

Traducción del alemán

MARC JIMÉNEZ BUZZI

FRAGMENTA EDITORIAL

Título original	*Demokratie braucht Religion – gerade jetzt!*
	Über die Notwendigkeit, auf-zu-hören
	und anrufbar zu sein

Publicado por   FRAGMENTA EDITORIAL
Avenir, 22, baixos 1.ª
08021 Barcelona
www.fragmenta.cat
fragmenta@fragmenta.cat

Colección   FRAGMENTOS, 101

Primera edición   FEBRERO DEL 2026

Dirección editorial   IGNASI MORETA

Impresión y encuadernación   ROMANYÀ VALLS, S. A.

© 2022   KÖSEL VERLAG
Filial de Penguin Random House Verlagsgruppe
GmbH, Múnich (Alemania)
Derechos de traducción contractados a través
de Ute Körner Literary Agent S. L. U., Barcelona
por el texto

© 2026   MARC JIMÉNEZ BUZZI
por la traducción

© 2026   FRAGMENTA EDITORIAL, S. L. U.
por esta edición

Depósito legal   B. 3301-2026
ISBN   979-13-87548-17-9

ÍNDICE

PRÓLOGOS

GREGOR GYSI

CHARLES TAYLOR

PRÓLOGO

Gregor Gysi

Hartmut Rosa ha presentado un libro en que aborda y examina uno de los asuntos centrales de la modernidad. No avanzaré ni juzgaré su contenido; dejaré que lo hagan los lectores. Prefiero comentar lo que otros autores dicen sobre el tema de «Dios», la religión, etc.

No es difícil ver que Hartmut Rosa utiliza el concepto de *resonancia* para referirse a formas de práctica que se podrían calificar de «práctica exitosa». Estas prácticas implican comunicación, comunidad y cooperación. Mucha gente ya debe de haber experimentado qué puede significar interactuar con otras personas de una forma «exitosa» y la profunda satisfacción que esto puede aportar. Pero, y este es el verdadero problema, mucho más a menudo experimentamos lo contrario. Y para eso se ha establecido un término: la alienación.

Siempre que se examinan de cerca las diversas teorías de la alienación, se encuentra que hay una referencia a la religión, a pesar de que la alienación no es propiamente un asunto religioso. Hay unos cuantos filósofos que han tratado el asunto de la alienación de forma propia y específica: Hegel, Feuerbach, Marx y Benjamin.

Georg Wilhelm Friedrich Hegel abordó el problema de la alienación de una forma irónica, llamando la atención sobre el problema teológico de la teodicea. Se trataba de justificar a Dios a pesar de una creación aparentemente tan imperfecta. De manera similar, Hegel también identifica la tarea de la filosofía del derecho con el hecho de hacernos conscientes de cómo el carácter racional del Estado se expresa a pesar de las contradicciones sociales. El Estado crea la libertad precisamente porque sus instituciones son lo que hace posible la reflexión sobre la sociedad en su conjunto y su crítica. Aunque la elección del término *teodicea* pueda parecer un tanto irónica, atribuye un valor especial tanto a la religión como al arte. No todo el mundo es filósofo. Pero en el arte y en la religión todos nos tematizamos a nosotros mismos y esto nos da posibilidades para la práctica común.

Ludwig Feuerbach se centra en la religión y la ve como un problema especial de alienación. A través de la idea de Dios, los seres humanos se reconocerían los unos a los otros como miembros de una misma comunidad, la especie humana. Esta alienación, la separación del ser genérico respecto del ser humano real, solo se puede superar secularizando la idea de Dios.

Karl Marx da un paso más. Se pregunta por qué los seres humanos se separan de sí mismos como «seres genéricos» y se representan como separados los unos de los otros: ya sea en el Estado o en Dios. Algo en la constitución concreta de la vida real impide que los seres humanos se relacionen los unos con los otros como «seres genéricos». La cooperación real es una cooperación alterada que expresa la necesidad de una cooperación racional en una forma alienada.

A su vez, Walter Benjamin considera que algunos motivos del pensamiento religioso en una forma secular son importantes para explorar la idea de una sociedad liberada. Sus *Tesis sobre la filosofía de la historia* ofrecen la imagen de una historia de la humanidad escrita por los opresores, los vencedores y los gobernantes, pero nunca por los oprimidos. El «Ángel de la Historia» quiere levantar los «escombros», las víctimas de la violencia y la opresión, con la esperanza de un paraíso, de una redención. Pero lo que vemos realmente los expulsados del paraíso es la historia como historia de dominación. La tarea de la verdadera liberación incluye también otra historia. Pero esta otra historia es un tipo de resurrección. Por lo tanto, hay que dar voz a los ausentes en la historia de los dominadores. Solo entonces se puede concebir una sociedad reconciliada consigo misma.

Sea como fuere, pensar en una práctica racional tiene una relación «secreta» con la religión.

Aunque no creo en Dios, me parece importante que no se pierda el contenido liberador de las ideas religiosas, aunque solo se haga visible en una crítica de la religión. A pesar de que la democracia siempre tiene un núcleo procedimental formal, se marchita si se entiende exclusivamente como un conjunto de procedimientos que sirven para legitimar el poder. En última instancia, siempre se trata de saber en qué tipo de sociedad queremos vivir. Una

realidad social que se aleja demasiado de las ideas demo-
cráticas de una comunidad de individuos libres e iguales,
con el foco en un debate racional que aspira a un bien
común, enajena la democracia de su contenido emanci-
pador.

Si se quiere cambiar algo de esto, si se quiere un país
más justo que trate a todos sus habitantes de una forma más humana, entonces es necesaria la voluntad, la
fuerza y también el coraje de enfrentarse a los poderosos.
Porque, por regla general, tienen a su favor los medios de
comunicación convencionales.

Y, actualmente, solo las religiones están realmente en
condiciones de dar forma a valores y principios morales
fundamentales que sean universalmente vinculantes en
la sociedad. La izquierda, como fuerza social, ha perdido
este derecho por mucho tiempo dado el modo como el
socialismo realmente existente se organizó y fracasó, a pesar de que tendría algo que ofrecer desde el punto de vista
puramente del contenido. Pero no tiene una fuerza vincu-
lante universal. Los conservadores tienden a subordinar
los valores al funcionamiento de la economía capitalista.
Pero el mercado no puede producir valores y principios
morales.

Sin embargo, a menudo me dicen que en las Iglesias no
todo es perfecto, y que los obispados que poseen miles de
millones de libras no son necesariamente un bastión de la
justicia social. Por otro lado, no obstante, no se puede ne-
gar que en las Iglesias muchas personas viven y transmiten
valores morales como el respeto por la dignidad humana, la solidaridad y la compasión a través de sus acciones

cotidianas, convirtiéndolos en un patrimonio común en el mejor sentido de la palabra y compensando, al menos en parte, las tendencias alienantes de la práctica social actual.

El hecho de que, lamentablemente, la política dominante dependa con demasiada frecuencia de que las personas colmen los grandes vacíos que ella misma abre en nuestro tejido social significa que el compromiso solidario de la mayoría, ya provenga de un contexto eclesiástico, humanista, de buena vecindad, de izquierdas o conservador, se vuelve aún más importante y, al mismo tiempo, nos exhorta a todos a esforzarnos por garantizar que esta política y esta sociedad cambien de tal modo que la alienación deje de ser su esencia definitoria.

PRÓLOGO

Charles Taylor

Nuestra civilización actual ha alcanzado un nivel y una intensidad de control sobre nuestro entorno natural sin parangón. Somos cada vez más conscientes de ello y de las posibles desventajas (catastróficas) de dicho dominio. Pero la instrumentalización del mundo es una actitud difícil de superar.

No se trata simplemente de que no queramos renunciar a los resultados que hemos logrado. Esta forma de tratar la naturaleza ha dado lugar a un crecimiento espectacular y, en consecuencia, a un aumento de los bienes y servicios que deseamos. Por otro lado, cada vez es más difícil bajarse del caballo galopante del crecimiento una vez que se está firmemente aposentado en la silla de montar. En su innovadora investigación de las últimas décadas, Hartmut Rosa ha identificado varias características de nuestras sociedades y economías que dificultan mucho un cambio de rumbo. Uno de los aspectos más importantes es lo que él denomina *estabilización dinámica*: nuestras sociedades industriales actuales solo pueden mantener su estabilidad mediante el crecimiento, y a un ritmo cada vez más acelerado.

Esta tendencia es parte integrante de nuestro orden económico capitalista globalizado.

La globalización nos permite fabricar y vender productos más baratos y, por lo tanto, a más consumidores. Nosotros, en los países occidentales ricos, lo conseguimos haciendo que los productos se fabriquen total o parcialmente en los países menos prósperos de Asia. Pero para mantener este flujo de mercancías, debemos realizar enormes inversiones en transporte: contenedores, barcos, puertos. De lo contrario, nuestras economías se paralizarían, como vimos con los cuellos de botella en la cadena de suministro tras el fin de la pandemia. El crecimiento (en las operaciones comerciales) hizo necesario un crecimiento adicional (en el transporte).

Pero esta no es la única forma en que el crecimiento conduce a más crecimiento. A medida que la economía se desarrolla, la demanda de ciertas habilidades disminuye, mientras que ahora se demandan otras. Las personas deben recibir una nueva formación o los nuevos trabajadores deben adquirir las nuevas habilidades. No responder a estas demandas no solo provocará cuellos de botella, sino también desempleo y, en consecuencia, un descontento generalizado que amenace la estabilidad social y política.

Por estas razones, el crecimiento genera más crecimiento. Aquí intervienen mecanismos sistémicos. Y ni siquiera hemos tenido en cuenta el aspecto subjetivo: cómo la producción en masa puede inducirnos a querer poseer más cosas (muebles, libros, discos o iPhones) y cómo los vuelos baratos pueden tentarnos a pasar las vacaciones en lugares exóticos que antes eran impensables para nosotros. Hartmut Rosa ha destacado algunas de estas consecuencias negativas. Un mayor número de oportunidades nos tienta a hacer más cosas, a viajar más y a asumir más tareas. Sufrimos una falta crónica de tiempo, estamos sobrecargados de trabajo y nos cuesta seguir el ritmo y ponernos al día. Nuestras listas de tareas pendientes son cada vez más largas, hasta el punto de que es imposible llevarlas a cabo. Esto suele conducir al agotamiento profesional (el *burnout*), un problema muy común en nuestra época.

Pero no se trata solo de desastres psicológicos específicos como el agotamiento; Hartmut Rosa quiere hacernos conscientes de que estamos cerrando la puerta a las experiencias humanas más profundas e importantes. El esfuerzo frenético por controlar inhibe nuestra capacidad de emocionarnos y dejarnos afectar por el mundo que experimentamos, como puede ocurrir, por ejemplo, con la música, la poesía o el arte. O de dejarnos cautivar por la vista, el olor o la atmósfera de la naturaleza, ya sea en un campo cultivado o en un lugar salvaje. Rosa tiene un término para este tipo de experiencia: *resonancia*. Estas experiencias resuenan en nuestro interior como la señal de una afinidad sentida.

Nos estamos acercando a la comprensión del título de este libro: La democracia necesita la religión con urgencia. ¿Por qué estos términos? En primer lugar: ¿por qué *democracia*? Porque esta forma de gobierno en la que vivimos, que valoramos y que vemos amenazada tanto desde fuera (Putin) como desde dentro (Trump y sus homólogos en otros países), requiere y exige escuchar: escuchar con atención y apertura para comprender lo que sienten y desean nuestros conciudadanos, lo que los indigna. A partir de los mensajes que se intercambian en nuestros «debates» públicos, podemos observar una disminución de la voluntad de escuchar y comprender lo que realmente ocurre en el interior de los demás. El discurso político adopta cada vez más la forma de una guerra civil.

Y en nuestra época, marcada por la migración masiva de refugiados, pero también por los serios intentos de hacer realidad la ética de los derechos personales y la igualdad consagrados en nuestras constituciones, la pregunta es quién «pertenece» realmente, quién es verdaderamente estadounidense o estadounidense de primera clase, un auténtico francés, británico, quebequés, húngaro, etc. Los ánimos se caldean, el odio se enciende y necesitamos más que nunca «corazones que escuchen», como dice Rosa, citando al rey Salomón.

Y luego, ¿por qué *religión*? ¿Es la religión el único ámbito en el que puede producirse la resonancia? Estoy seguro de que Rosa no lo cree así. Pero el uso de este término es provocador, porque hoy en día hay sin duda muchas personas que resuenan, por ejemplo, con la naturaleza, pero que han dado conscientemente la espalda a la religión o nunca se han sentido atraídas por ella.

Así pues, ¿qué intenta expresar Rosa con esto? Puede que me equivoque, pero lo interpreto de la siguiente manera:

quiere cuestionar la opinión (compartida por algunos creyentes y algunos no creyentes) de que la religión y la incredulidad pueden delimitarse claramente. Porque el sentimiento de reverencia que una persona «sccularizada» puede sentir frente a una selva y la reverencia que siente un creyente al entrar en la catedral de Chartres no están tan lejos. ¿Y qué sienten aquellos que rara vez entran en una iglesia cuando asisten a la misa del gallo? Es difícil determinar con exactitud en qué punto del umbral entre la religiosidad y el agnosticismo se encuentran.

Por lo tanto, el mensaje del libro podría ser: ciudadanos de las democracias actuales, escuchad: el único antídoto contra vuestras obsesiones (por el control, por el crecimiento, por la aspiración a tener más cosas), que os hacen cerraros a los demás y os perjudican, es abrirse al reto de las experiencias resonantes.

LA DEMOCRACIA NECESITA LA RELIGIÓN CON URGENCIA

SOBRE LA NECESIDAD DE DETENERSE Y SER RECEPTIVOS

El texto de este libro se basa en una conferencia pronunciada en la Recepción Diocesana de Wurzburgo en el año 2022. El texto ha sido ampliamente revisado y ampliado por el autor para la nueva edición del 2026.

En los Estados Unidos de América, la influencia de los evangélicos radicales está creciendo bajo el gobierno de Donald Trump. Se consideran guerreros de Dios y llaman a nuevas cruzadas contra todo lo que no se ajusta a su cosmovisión fundamentalista. En Afganistán, en nombre de una forma arcaica del islam, se niega la educación a las niñas y se prohíbe a las mujeres participar en la vida pública. En Rusia, el régimen de Vladímir Putin cuenta con el apoyo enérgico y elocuente de una Iglesia ortodoxa rusa patriótica. En la India, los nacionalistas hindúes llevan a cabo acciones brutales contra los musulmanes y, en algunos casos, contra los cristianos. ¿Se puede afirmar seriamente que la democracia necesita la religión? ¿No demuestran todos estos ejemplos lo contrario, esto es, que las religiones ponen en peligro la democracia, que la democracia —que se caracteriza por la apertura y la incertidumbre con respecto a las cuestiones fundamentales y por el reconocimiento de una pluralidad de posibles creencias y cosmovisiones— y la religión —que cree estar en posesión de las verdades últimas— son fundamentalmente incompatibles?

La respuesta que intento dar en este pequeño libro, basado en una conferencia pronunciada en la Recepción Diocesana del 2022 en Wurzburgo, es tanto «sí» como «no». No es «ni sí ni no», sino «sí» y «no». En mi opinión, la religión tiene, en lo que respecta a la democracia —y, como me gustaría explicar, en lo que respecta a la capacidad de resonancia de las personas—, un rostro de Jano. Al igual que el dios romano Jano tiene dos caras, mirando la una hacia adelante y la otra hacia atrás, representando así la convergencia de opuestos como la creación y la destrucción o la luz y la oscuridad, también la religión tiene, por un lado, el potencial y el poder de hacer a las personas *receptivas* y *transformables*, y esto significa: capaces de resonar; mientras que, por otro lado, corre siempre el riesgo de volverse autoritaria y fundamentalista y, por lo tanto, muda y sorda a las personas y al mundo. Entonces se convierte tal vez en el más terrible de todos los asesinos de la resonancia.

Los críticos de la religión, desde Ludwig Feuerbach hasta Richard Dawkins, han destacado reiteradamente este lado negativo; y los ejemplos mencionados anteriormente, así como la interminable serie de casos de abusos que han sacudido a las Iglesias en casi todas las regiones del mundo, nos han hecho muy conscientes de las tendencias oscuras y antidemocráticas de la religión institucionalizada. Por lo tanto, en esta nueva edición del libro, haré especial hincapié en el potencial de la religión para promover la resonancia y, por lo tanto, para hacer posible la democracia, sin olvidar su posible cara opuesta.

Quisiera mostrar que la religión puede ayudarnos a desarrollar un *corazón que escuche*, porque no solo dispone de un rico repertorio histórico y teórico para *pensar* una relación resonante con el mundo en su profunda dimensión existencial, sino que también crea lugares y momentos, prácticas e instituciones a través de los cuales podemos ejercer este corazón que escucha, es decir, la receptividad habitual, la capacidad de respuesta y la disposición a cambiar.

Sin embargo, al revisar el texto, he intentado prestar más atención a los aspectos oscuros y peligrosos de la religión que en la primera versión con el fin de tener más en cuenta las ambivalencias esbozadas. Al hacerlo, no pretendo en modo alguno que el texto constituya la última palabra en el debate, sino que lo considero más bien una incitación al diálogo. Tengo un gran interés en entablar un intercambio con personas de varios orígenes, convicciones y orientaciones, porque mi experiencia me ha enseñado que ese diálogo puede ser muy fructífero. Esto es especialmente cierto en lo que respecta al desarrollo de mi teoría: esta se nutre del desafío que suponen las perspectivas y los bagajes más diversos, y a menudo he descubierto que muchas de las ideas que construyo minuciosamente como sociólogo, especialmente en lo que respecta a las relaciones de resonancia, ya se han planteado en contextos teológicos, y que estas relaciones a menudo también se ponen en práctica en contextos religiosos.

La Recepción en Wurzburgo del 2022 se abrió y enmarcó con música. Cuando se reflexiona sobre la resonancia, es difícil encontrar algo mejor que un conjunto de flautas o instrumentos de viento, simplemente porque en este caso las resonancias son directamente audibles y físicamente perceptibles. La forma en que se produce la música en estos casos hace vibrar literalmente las relaciones, tanto las materiales como las sociales y espirituales. La respiración, el acto de soplar de una determinada manera, entra en resonancia con los instrumentos, pero también con los demás músicos, con el espacio y con nosotros como oyentes y como seres que procesan el significado.

El lema elegido por la diócesis para ese año era muy acertado: «Dame un corazón que escuche.» Es un pasaje de la Biblia, del Primer Libro de los Reyes 3,9. Fue este lema el que me llevó espontáneamente a aceptar la invitación para impartir la conferencia, ya que también resume la idea central de mi libro sobre la resonancia, a saber: *un corazón que escucha, que es receptivo y que responde*, es exactamente lo que necesitamos como sociedad y como individuos para vivir una vida satisfactoria, tanto a nivel individual como colectivo. Sin embargo, la propia petición ya deja claro que el corazón puede no escuchar, que no es evidente que nos dejemos llamar. Y si el corazón no oye, no es necesariamente culpa del individuo; también puede deberse a condiciones sociales que son en sí mismas sordas y nos vuelven sordos. Para que la música nos conmueva, por ejemplo, las condiciones espaciales, temporales y sociales deben ser las adecuadas, y nosotros mismos tenemos que estar en el estado de ánimo adecuado. En relación con la música de conjunto de viento, esto significa que, ante todo, las flautas y los demás instrumentos deben resonar entre sí. Si están desafinados, la resonancia se vuelve difícil. No imposible, porque la indisponibilidad de la resonancia significa no solo que puede estar ausente aun en condiciones óptimas, sino también que es posible en circunstancias improbables. Pero en este caso se vuelve más difícil. Las condiciones contextuales también tienen que ser las adecuadas: si estamos de mal humor, si como oyentes tenemos una actitud agresiva o no nos sentimos bien, ni siquiera la música más hermosa nos puede llegar; incluso puede hacer que nos cerremos aún más.

Por lo tanto, es evidente que la resonancia requiere muchas condiciones previas, no solo en el caso de la música, sino también en la sociedad. Y esto es particularmente cierto en una sociedad como la de la modernidad tardía, que trato de caracterizar con la expresión *paralización frenética*. Esta expresión abarca dos cosas. Por un lado, que la sociedad se acelera, incluso se precipita, y lo hace por razones estructurales: tiene que apresurarse para preservar su estructura. Por otro lado, sin embargo, permanece estática o congelada. Porque ha perdido su sentido del movimiento histórico (hacia adelante). Es una situación compleja que, en cierto modo, es fundamental para lo que intento explorar como sociólogo.

Cuando una sociedad funciona en modo de estabilización dinámica —esta es la expresión que utilizo para describir este estado—, se ve obligada a mejorar constantemente, acelerar, impulsar las cosas y producir innovaciones de forma continua, casi aspirando a un cambio disruptivo. Pero si pierde su sentido del movimiento hacia adelante, de lo que durante siglos hemos entendido como progreso, entonces se encuentra en un estado de crisis. Y surge una pregunta apasionante: ¿necesita una sociedad así una base u orientación religiosa, necesita siquiera instituciones religiosas como las Iglesias? Me gustaría reflexionar sobre esto con vosotros, porque esta pregunta se impone tanto en contextos eclesiásticos como más allá, desde una perspectiva sociológica: ¿necesita una sociedad moderna, secular y capitalista ideas, prácticas y conceptos religiosos en algún aspecto, porque (solo) estos son tal vez capaces de llegar al corazón de tal manera que se vuelva receptivo? ¿O esto es solo un anacronismo? ¿No son precisamente las religiones las que cierran los corazones a los demás y a otras cosas? ¿No son las Iglesias, en última instancia, nada más que un vestigio de una forma de sociedad diferente y obsoleta, y también de una forma diferente de relacionarse con el mundo?

Si queremos argumentar de esta manera, pronto encontraremos buenas razones para decir: sí, la religión, al menos en su forma institucionalizada, ya no encaja en nuestra era de religiosidad a la carta, en la que cada uno construye su propia visión del mundo, en la que tenemos al menos pluralismo religioso, en la que muchas voces diversas ofrecen interpretaciones muy distintas. Esto es lo que suelen decir mis alumnos. Bueno, dicen, hay diferentes tipos de superstición, y la religión es uno de ellos. Sin duda, esta es una forma posible de interpretar el presente. Cuando menos, se puede decir que existe una diversidad de ofertas religiosas e interpretaciones del mundo y que el Estado no debería conceder ninguna importancia especial a las instituciones religiosas organizadas, porque esto vulneraría el principio de neutralidad: ¿por qué, por ejemplo, tenemos un día festivo el domingo en Europa central, América del Norte y también en América del Sur, cuando el domingo solo es sagrado para los cristianos, mientras que para los musulmanes lo es el viernes, para los judíos, el sábado, y para los seguidores de otras religiones, otros días? ¿No sería mejor que cada uno eligiera el día que quisiera tener libre? Aquí es donde comienzan las dificultades y, por supuesto, se puede plantear la misma pregunta en cuanto a fiestas como la Navidad y, sin duda, en lo que respecta a las escuelas en Alemania: ¿por qué se enseñan las religiones católica y protestante como materias escolares, pero no el hippismo o el *hygge*? Estas preguntas se plantean y, de hecho, se formulan y debaten en contextos políticos. Se podría incluso argumentar que la Iglesia es posiblemente un factor disruptivo para la sociedad, porque insistir en un domingo festivo no es más que un obstáculo en la competencia económica mundial. Y cuando, además, las instituciones religiosas expresan constantemente su preocupación por el progreso, para decir por ejemplo que las células madre no deben utilizarse para la investigación porque son en cierta manera sagradas u obra de Dios, esto también supone una desventaja en la competencia global. La religión nos hace conservadores y nos coloca en desventaja económica, en opinión de muchas personas, y especialmente de muchos científicos sociales, que afirman: la Iglesia es un anacronismo que no encaja ni con el bagaje ideológico ni con la autointerpretación de una sociedad moderna, un anacronismo que también es un problema moral y ético manifiesto, como lo demuestran el continuo abuso de poder y los miles de casos de abusos sexuales cometidos y encubiertos por las autoridades religiosas. Esta es una forma de abordar la pregunta planteada al principio. En este caso, la respuesta a la pregunta de si la sociedad moderna todavía necesita ideas, prácticas o instituciones religiosas en algún sentido es simplemente: ¡no! Las instituciones religiosas son, por su propia naturaleza, antidemocráticas, reaccionarias, autoritarias, y están imbuidas de estructuras de poder que, por un lado, abren la puerta al abuso y, por otro, llevan constantemente a personas de diferentes creencias a luchar entre sí, a cerrarse unas a otras, en lugar de reunirse con corazones dispuestos a escuchar. Y, francamente, a veces tengo la impresión bastante preocupante de que los propios representantes de la Iglesia comparten en cierto modo esta opinión, que se ven a sí mismos como superfluos y anticuados, incluso como un problema.

A veces me sorprendo un poco cuando, hablando con personas religiosas o vinculadas a la Iglesia, y que tal vez incluso ocupan puestos de responsabilidad, me dicen: «Sí, así son las cosas, nadie quiere escucharnos y nosotros también sentimos que tal vez no tengamos nada que decir en la crisis actual.» Y, de hecho, cuando preguntamos: ¿qué tenían que decir u ofrecer las instituciones religiosas en el debate sobre la COVID? Sobre cuestiones como la vacunación obligatoria: ¿sí o no? El cierre de las escuelas: ¿sí o no? U hoy, el envío de armas a Ucrania, las negociaciones de paz: ¿sí o no? ¿Realmente queremos estar preparados para la guerra? ¿Hay una voz fuerte por parte de las Iglesias u otras instituciones religiosas, hay una función, una autoridad religiosa que todavía tenga algo que decir a la sociedad que nadie más le dice o se atreve a decirle? No es que las autoridades eclesiásticas no lo intenten. Debaten sobre verdades y, sin duda, formulan posiciones, pero en el discurso social apenas se diferencian de otras voces y puntos de vista, y no es raro que digan precisamente lo que el espíritu de la época quiere oír.

Hay un indicador interesante de la crisis que alguien del mundo eclesiástico me señaló durante una celebración de una facultad de teología. Esta persona me dijo que, cuando le preguntaban por su profesión, hasta hace treinta o cuarenta años se sentía orgulloso de decir que trabajaba en un contexto eclesiástico. Hoy en día, dijo, es algo de lo que se avergüenza o que intenta no mencionar, limitándose a decir en cambio que trabaja para una institución benéfica. Me parece muy revelador, porque si se ha llegado al punto en que los dignatarios intentan ocultar lo que hacen (profesionalmente), entonces está claro que las Iglesias tienen un problema, y muy grande. Y todos sabemos que estas Iglesias también han contribuido en gran medida a su pérdida de reputación, abusando de esa misma reputación y autoridad durante siglos con los fines más indecentes, para la explotación sexual, económica y política. No quiero edulcorar los hechos; soy sociólogo y no estoy ciego.

Pero lo que quiero hacer a continuación es convenceros, no como persona religiosa, sino como sociólogo, de lo siguiente: sí, la religión y quizás incluso la Iglesia pueden desempeñar un papel muy importante en la sociedad moderna. La razón es, sencillamente, que estoy convencido de que tienen algo que ofrecer a nuestra sociedad que necesitamos urgentemente; que tienen recursos que pueden ayudarnos a encontrar una salida a esta paralización frenética. Que hacen concebibles, imaginables y tangibles formas de relación con el mundo distintas del estilo de vida agresivo que prevalece en las condiciones del capitalismo moderno. Una sociedad que se encuentra en una paralización frenética, sin aliento, paga un precio social, psicológico y ecológico muy alto para mantener sus condiciones estructurales. Hace tiempo que nos hemos dado cuenta de que esta sociedad busca desesperadamente una forma alternativa de relacionarse con el mundo, de estar en el mundo. Entonces, ¿dónde puede buscar esta sociedad otras formas de relacionarse con la vida, incluso con el universo, con el cosmos, con la naturaleza? ¿Dónde podemos encontrar este repertorio alternativo? ¿Por qué debería la religión tener un papel en esto?

A continuación, me gustaría señalar que nos encontramos en una grave crisis como sociedad y que necesitamos instituciones, tradiciones, prácticas, estructuras de pensamiento, creencias y ritos religiosos que nos permitan encontrar una salida. Quiero dejar clara la idea básica de que esta sociedad carece en gran medida de un corazón que escuche, tanto en términos políticos como en muchos otros aspectos. Y por eso necesitamos más ideas, prácticas y otras cosas que nos permitan reconocer y experimentar lo que realmente significa tener un corazón que escucha. Mi tesis es que en los contextos religiosos podemos encontrar elementos para una respuesta.

Para ello necesito partir de un diagnóstico más preciso de la sociedad contemporánea. Sí, lo he presentado muchas veces antes, pero me gustaría reiterar su esencia y quizás afinar un poco más.

Algunos colegas dicen que la sociedad no existe: que lo que hay son acontecimientos, procesos e instituciones políticos, así como económicos, religiosos, jurídicos y deportivos, y que todos ellos existen en paralelo. Sin embargo, yo sostengo que la sociedad puede concebirse como un único colectivo, que existe algo así como un todo, una totalidad de la sociedad, en la que las diversas instituciones e individuos interactúan y se influyen entre sí. Describo la forma básica de esta sociedad, su formación cultural y estructural, con la expresión *estabilización dinámica*. Así es como defino una sociedad moderna: *una sociedad es moderna si solo puede estabilizarse dinámicamente, es decir, si depende sistemática y estructuralmente del crecimiento permanente en forma de aceleración tecnológica, crecimiento económico e innovación cultural para reproducirse y mantener el* statu quo *institucional*.

Por lo tanto, no estoy afirmando que haya nada históricamente especial en la aceleración de nuestra sociedad. En este punto, siempre tengo problemas con los historiadores, que señalan que las sociedades anteriores también se aceleraron, que ha habido periodos de hiperaceleración y que también se ha observado crecimiento en otros contextos no modernos. Y sí, por supuesto, si observamos el crecimiento de la población o el desarrollo de la civilización, siempre percibimos una especie de curva de aceleración, por lo que se podría decir que la sociedad moderna es simplemente parte de un horizonte histórico más amplio de crecimiento y aceleración.

Lo que tiene de especial la sociedad moderna, según mi definición, no es que la sociedad esté creciendo —por

ejemplo, en términos de población o producción económica— o que se esté acelerando en muchos aspectos, sino
que *debe* hacerlo para mantenerse, para preservar su *statu
quo.* De hecho, esto es bastante fácil de entender con Max
Weber, quien explica que la mayoría de las sociedades anteriores a la moderna eran autosuficientes.[1] Tenían una
idea muy precisa de lo que se necesitaba para sobrevivir.
Necesitamos tal cantidad de pan, o tal cantidad de grano,
para pasar el invierno; este combustible para la calefacción, una buena casa, algo de ropa, quizás dos pares de
pantalones, y velas o antorchas y aceites para el culto religioso, quizás, y entonces tendremos lo que necesitamos.
Y eso es lo que siempre restauramos cuando escasea o se
daña: cuando los pantalones tienen agujeros o se rompen,
los remendamos o arreglamos, y cuando ya no podemos
remendarlos ni arreglarlos, los reproducimos de forma
idéntica. Por supuesto, lo que necesitamos no incluye solo
una casa, comida y ropa, sino también lo que requerimos
para el culto religioso, para los rituales, para el templo,
por ejemplo, o para los sacerdotes y sacerdotisas, según el
contexto histórico y cultural. Pero siempre hay un sentido
claro de lo que es necesario, incluso si este sentido cambia
gradualmente a lo largo de la historia. ¿Por qué cambia?
En parte, debido a las condiciones ambientales: a veces
hay un enemigo a las puertas, otras veces cambia el clima
o hay escasez de alguna materia prima que necesitamos.

---

[1] Max WEBER, *Die Protestantische Ethik und der «Geist» des Kapitalis-
mus*, Reclam Philipp Jun., Stuttgart, 2017. [Traducción castellana: Max
WEBER, *La ética protestante y el «espíritu» del capitalismo*, traducción de
Joaquín Abellán, Alianza, Madrid, 2011.]

Todo ello impulsa la innovación y, por supuesto, también debemos tener en cuenta que las personas son curiosas, quieren probar cosas nuevas y, de repente, descubren algo emocionante, algo que les facilita la vida y que, si es bueno, a menudo se adopta como una innovación cultural y se extiende a otras comunidades.

Por lo tanto, si se analizan las sociedades desde un punto de vista histórico, queda claro que no son estáticas, sino que siempre van de la mano de la innovación y el cambio, lo que a menudo implica aceleración y crecimiento. Creo que Ian Morris y otros estudiosos tienen razón cuando dicen que es útil analizar el equilibrio energético de las sociedades:[2] los seres humanos necesitan energía para generar energía. La comida es la forma más importante de energía, y luego, obviamente, está la calefacción, al menos en las latitudes septentrionales y templadas, por lo que, durante mucho tiempo, la pregunta crucial fue: ¿cómo y dónde obtenemos la energía suficiente para pasar el invierno? ¿O simplemente para poder vivir? Los historiadores señalan entonces que, durante miles de años, los seres humanos —o los seres vivos en general— a menudo tenían que utilizar exactamente la cantidad de energía que tenían para alcanzar su objetivo, es decir, para poder vivir, o al menos para vivir adecuadamente según sus ideas culturales sobre lo que constituía una vida adecuada. Y esta es, por supuesto, la razón por la que cuando las personas hacen un descubrimiento, por ejemplo por curiosidad,

---

[2] Ian MORRIS, *Beute, Ernte, Öl. Wie Energiequellen Gesellschaften formen*, DVA, Múnich, 2015.

los testimonios muestran que este se vuelve significativo
cuando permite alcanzar el mismo nivel de energía (la
misma producción de energía) con menos esfuerzo (con
menos consumo de energía). Por ejemplo, cuando empezamos a cocinar, freír u hornear alimentos, o incluso un
paso antes, cuando se inventó el fuego controlable, pu-
dimos obtener la misma cantidad de energía para nuestro metabolismo con un gasto energético mucho menor.
Y cuando los seres humanos nos damos cuenta de algo
así, lo hacemos de forma natural. De este modo, puede
utilizarse la historia para explicar bastante bien cómo fue
posible liberar cada vez más energía con un gasto físico
constante o incluso decreciente. Morris habla de *energy
capture*. Obviamente, el principio de la innovación también se aplica cuando se obtiene exactamente la energía
que se necesita con *menos* esfuerzo.

Por eso no afirmo que las sociedades anteriores fueran
estáticas. Pero esta sociedad, la nuestra, se enfrenta a un
problema totalmente nuevo en toda la historia, a saber,
que debe gastar cada vez más energía para mantener el *statu quo*. Yo diría que esto es, como también lo definió Max
Weber, estructural y sistemáticamente irracional. Esto se
ve más claramente en la economía: ya seas una empresa,
un Estado federal, una ciudad, un país, la UE o cualquier
otra cosa, debes mejorar *constantemente* para mantener tu
posición. Esto significa que tienes que lograr el crecimiento económico, aumentar la productividad y perseguir,
optimizar y racionalizar la innovación continua de productos y procesos. Lo estamos viendo ahora mismo: tanto
en la antigua coalición de gobierno alemana (la coalición

«semáforo») como en la nueva, todos los partidos implicados están de acuerdo en lo siguiente: «¡Debemos crecer!», «¡Tenemos que poner en marcha el motor del crecimiento!». «¡Queremos salir de la crisis mediante el crecimiento!», afirmó, por ejemplo, el excanciller alemán Olaf Scholz. Christian Lindner, su ministro de Finanzas, ya era, como firme liberal económico, un gran partidario del crecimiento, y los Verdes acabaron siéndolo también. Y no hace falta decir que para Friedrich Merz, antiguo presidente del consejo de supervisión de la empresa de gestión de activos BlackRock Deutschland, el crecimiento (junto con la capacidad militar) es la máxima prioridad. Pero os pregunto, a vosotros y a los políticos, de forma bastante directa: *¿en qué ámbito concreto queréis crecer?* Me gustaría mucho debatir esto con esos señores. ¿Dónde quieren crecer? ¿Debemos comprar más coches? No quiero cuestionar el hecho de que Mercedes, BMW y VW viven de producir y vender más coches cada año. Por supuesto, dicen que ha sido un buen año si han vendido más vehículos. O vehículos más grandes, con más potencia y más tonelaje, o algo por el estilo; hay que generar más valor, pero eso se consigue principalmente produciendo *más* coches y *más* camiones. El estancamiento es una señal de alarma para estas empresas. Podemos tener grandes fantasías ecológicas, pero el sector del automóvil sigue siendo una de las industrias de crecimiento esenciales en Alemania.

Robert Habeck, el exministro de Economía del Partido Verde, podría haber dicho: «No, no quiero crecimiento en la industria automovilística», a lo que podríamos responder: «¿Quizá sí en la industria aeronáutica?» En este sector también estamos creciendo; de hecho, nos encontramos entre los países con mayor crecimiento, con un aumento casi vertical del número de aviones, vuelos y pasajeros, al menos antes de la pandemia del coronavirus; pero hoy en día, y en el contexto de la crisis climática, ¿sigue siendo así? La aspiración a un crecimiento sistemático en este sector parece una idea extremadamente cuestionable, lo que no impide que el nuevo Gobierno la ponga en práctica. Sin prácticamente ningún debate público, se decidió que el 1 de julio del 2026 se reduciría el impuesto sobre el tráfico aéreo para impulsar las operaciones aéreas. Los terribles costes ecológicos de los vuelos son claramente irrelevantes frente a la presión por el crecimiento económico.

¿Y qué hay de la construcción de viviendas? Tras un cierto letargo, el sector de la construcción parece estar resurgiendo; incluso se habla de un *boom* de la construcción, pero fijaos en la pavimentación del suelo, que es un problema enorme. Cada vez se urbaniza y, por lo tanto, se impermeabiliza más terreno. Solo en la pequeña Suiza, cada día se impermeabiliza una superficie equivalente a casi siete campos de fútbol (!), lo que representa una superficie anual de dos mil quinientos campos de fútbol. Y el consumo de energía, que es ecológicamente desastroso, está aumentando debido principalmente al espacio vital per cápita cada vez mayor y al número creciente de viviendas. Por lo tanto, a largo plazo, decir que queremos crecer en la construcción de viviendas no es una buena idea, por muy importante que sea el sector de la construcción para la economía.

Así que será mejor que crezcamos en otros sectores, aunque ya no queden muchos. ¿Quizás en ordenadores y teléfonos inteligentes? ¿Que, en cualquier caso, vienen siendo sustituidos a un ritmo cada vez mayor? Cada dos años desechamos miles de millones de dispositivos. Esto es muy malo para las tierras raras, el coltán, el litio y otros recursos. Pero no solo es malo porque las industrias extractivas tengan que devastar cada vez más la tierra para obtener materias primas, sino también porque estamos produciendo cada vez más residuos tóxicos que llenan unos vertederos que ahora ya están desbordados. Por lo tanto, cualquiera con dos dedos de frente dirá: «No, tampoco queremos crecer necesariamente en este ámbito.»

«Bueno, entonces crezcamos en la industria alimentaria», sería la siguiente sugerencia. Todavía hay mucha gente en el mundo que pasa hambre, y la mayor parte de los alimentos que tiramos no son especialmente perjudiciales para el medio ambiente, aunque eso podría discutirse en el caso de la industria cárnica, por ejemplo. Pero aquí el problema radica en otra parte: quienes realmente compran alimentos y, por lo tanto, podrían garantizar el crecimiento necesario, ya tienen sobrepeso. ¡Esto es lo que ocurre en todos los países occidentales! Las sociedades que pueden permitirse comprar más alimentos sufren de obesidad. Es un hecho simple y bien conocido. ¿Y saben qué hace la industria alimentaria al respecto? Asegura el crecimiento añadiendo ciertas enzimas o aditivos a los alimentos que desconectan la señal de saciedad entre el estómago y el cerebro, de modo que seguimos comiendo incluso cuando ya estamos llenos. ¿Se necesita alguna prueba más de que el modo de estabilización dinámica en el antropoceno se ha convertido en suicida? Esta tendencia suicida, en mi opinión, también se refleja en el hecho de que la industria armamentística se ha convertido ahora en el principal sector en expansión: el crecimiento debe garantizarse ahora mediante la fabricación de armas mortíferas y asesinas, entre las que se incluyen inevitablemente armas químicas, biológicas, basadas en la inteligencia artificial y espaciales.

En resumen, el problema es que tenemos que seguir creciendo en todos los sectores porque, de lo contrario, no se pueden conservar los puestos de trabajo, aunque ya no tenga sentido crecer. No importa en qué sector nos fijemos. Tomemos como ejemplo la industria de la moda: lo tiramos todo, aunque esté en buen estado y se pueda seguir usando; muchas prendas y zapatos acaban en la basura a pesar de haber sido apenas usados o de no haber sido usados en absoluto. Cualquier cultura anterior a la nuestra nos tacharía de locos solo por esta razón. Tiramos las cosas simplemente porque ya no están de moda. La industria farmacéutica también crece constantemente y, en lo que respecta a las vacunas, por ejemplo, como hemos visto durante la pandemia, esto es algo positivo. De hecho, los defensores del crecimiento casi siempre citan la industria farmacéutica para demostrar que el crecimiento y la innovación son beneficiosos para las personas, aunque incluso esto podría cuestionarse si se tiene en cuenta, por ejemplo, el creciente campo de la cirugía estética o los procedimientos quirúrgicos que no son médicamente necesarios pero sí económicamente rentables.

Sin embargo, no estoy diciendo que la sociedad *nunca* deba crecer, acelerar o innovar. Lo que digo es que no siempre debe crecer simplemente para mantener el *statu quo*. Parece absurdo hablar de crecimiento en términos abstractos sin especificar en qué áreas debe lograrse. Cuando preguntamos específicamente dónde debemos crecer, no obtenemos una buena respuesta. En el mejor de los casos, podríamos escuchar: en tecnologías verdes, pero en el fondo esto no es sino una forma de evitar la respuesta sustancial, y nunca es suficiente para alcanzar las tasas de crecimiento necesarias. Recientemente, se puede observar incluso un giro muy problemático hacia el cinismo: mientras que la coalición de gobierno «semáforo» todavía habría insistido en que quería crecer principalmente en tecnologías verdes, los políticos actualmente en el poder, no solo en Alemania sino en toda Europa, Estados Unidos y, en última instancia, en todo el mundo, ahora dicen abiertamente: en armamento y transporte aéreo.

Es aún más absurdo el hecho de que no queremos todo este crecimiento porque, como seres humanos, seamos codiciosos e insaciables. Lo necesitamos porque, sin crecimiento, ya no podemos sostener toda la estructura social existente. El crecimiento y la aceleración están impulsados por el miedo, no por la codicia. No son nuestras crecientes necesidades las que los impulsan, sino la preocupación de que ya no podamos satisfacer las necesidades *existentes* si no aumentamos el crecimiento. Si ahora decidimos dejar de crecer, no solo tendremos a mucha gente en paro y empresas cerradas de la noche a la mañana, sino que también disminuirán los ingresos fiscales del Estado, mientras que el gasto aumentará porque, por ejemplo, tendremos que mejorar las infraestructuras para reactivar el crecimiento; pero, sobre todo, porque tendremos que pagar a los desempleados. Entonces ya no podríamos pagar las pensiones ni mantener el sistema sanitario; todo el sector asistencial se vería aún más dramáticamente infrafinanciado, y tampoco se podría pagar a las instituciones culturales y educativas. La grave crisis financiera y económica que sufrió Grecia después del 2007, cuyos efectos aún se sienten hoy en día, dejó muy clara esta reacción en cadena.

Por lo tanto, todo el sistema depende de que tengamos que crecer cada año. Y cuando no crecemos, tenemos que movernos aún más rápido y optimizar y racionalizar de forma aún más implacable. Tomemos como ejemplo a Japón: durante muchos años, este país casi no creció, pero esto hizo que la presión para acelerar y aumentar la eficiencia fuera aún mayor. Esto es lógico, porque si todas las empresas pueden producir y vender más coches, entonces no importa tanto si una empresa es la líder del mercado o la segunda, ya que el pastel se está haciendo cada vez mayor en general. Pero si el pastel general no crece, entonces hay que ser el más barato del mercado y el más rápido. Por eso, la presión para crecer es aún mayor cuando no hay crecimiento, siempre que la economía funcione en un modo de estabilización dinámica. Es previsible que, en un futuro próximo, Alemania se encuentre precisamente en esta situación.

En consecuencia, vemos que vivimos en un sistema en el que nosotros, como individuos, como instituciones y como sociedad en su conjunto, *debemos* ir cada año más rápido para mantener nuestro lugar en el orden social. *Debemos* acelerar, *debemos* ser innovadores, *debemos* ser los primeros en tener el nuevo producto, los primeros en tener los mejores métodos de producción. *Tenemos que* mejorar para mantener el *statu quo*. En esencia, se trata simplemente de la lógica de la competencia generalizada. Pero también significa que tenemos que invertir más energía física cada año, ya sea eólica, solar, carbón, nuclear u otras fuentes. Necesitamos cada vez más energía para mantener el juego del crecimiento, es decir, para mantener la situación actual.

En este punto, la irracionalidad de esta sociedad vuelve a quedar patente. No creo que haya existido nunca ninguna forma de vida que se haya organizado de tal modo que necesite *más* energía cada año para mantener la situación existente. Recordemos a Ian Morris y las ratios energéticas. Más arriba he dicho que, históricamente, el cambio siempre se ha producido cuando era posible obtener un mayor rendimiento con la misma cantidad de energía, o el mismo rendimiento con menos energía. Pero una sociedad que sistemática y estructuralmente funciona de tal modo que debe invertir, transformar y «capturar» cada vez más energía para mantener la situación existente es perversa. Y hay que gastar no solo energía física, sino también energía política. Los políticos y los programas políticos deben motivarnos, impulsarnos, desafiarnos y animarnos constantemente. Hay que volver a movilizar a las personas mayores para que aporten su fuerza de trabajo; hay que acelerar el proceso de los jóvenes: una carrera universitaria ya no debería durar diez o doce semestres, sino que deberían bastar seis para obtener el título, etc. Esto se observa en todos los niveles. Y no culpo a los políticos; si yo fuera político, probablemente haría lo mismo.

Sin embargo, la cuestión no se limita a la inversión y al aumento constante de la energía política y física: como individuos, también nos vemos sistemáticamente obligados a invertir cada vez más energía mental en el juego del crecimiento, porque la aceleración, la innovación y el crecimiento no los logran los sistemas ni las máquinas, ¡sino nosotros! Sí, *nosotros, como personas*, el año que viene tendremos que correr más rápido que este año. Y la tesis que asocio a esto es que esta lógica de orientación y alineación social crea una *relación sistemática de agresividad* hacia el mundo. Creo que todos lo sentimos en nuestro cuerpo; la pandemia, en particular, también lo ha hecho perceptible. Nuestra relación con el mundo es agresiva; estamos constantemente en modo de alarma y ataque. ¿Por qué? La respuesta más evidente es que nuestra lista de tareas pendientes aumenta rápidamente. Cada año tenemos que hacer un poco más y tenemos cada vez más tareas que realizar. Esto nos coloca en una relación agresiva con el mundo, tanto a pequeña como a gran escala. En el nivel macro de la vida, lo vemos sobre todo en la crisis ecológica, como es lógico. Las industrias actúan con una imprudencia cada vez mayor, perforando cada vez más profundamente para extraer petróleo, extrayendo tierras raras, cobre, litio y coltán, y cualquier otra cosa que se pueda extraer de la tierra. Y, al hacerlo, están contaminando nuestro entorno vital. Esto crea sistemáticamente una relación agresiva con el medio ambiente. En el nivel meso de nuestra existencia, el nivel social, podemos observar la creciente agresividad en nuestra relación con la política; por ejemplo: si vives en condiciones precarias y aceleradas —y, en cierto modo, la política neoliberal ha hecho que casi todas las formas de existencia se sientan precarias— y lo único que oyes es: «Tenemos que mejorar, tenemos que ser mejores», entonces la otra persona, que tiene una opinión distinta, que constantemente quiere algo distinto y es difícil de entender, que ama de manera distinta y tiene otra fe, y hace quién sabe cuántas otras cosas de manera distinta, es simplemente un obstáculo. Debería cerrar la boca.

Mis colegas Michael Bruter y Sarah Harrison, de la London School of Economics, han llevado a cabo un interesante estudio que muestra que lo preocupante de las democracias es que la cultura política parece estar cambiando de forma desastrosa. Cualquier persona con una opinión política diferente ya no se considera simplemente un interlocutor con el que hay que dialogar, sino que se percibe como un enemigo repugnante al que hay que silenciar.[3] Esto se puede ver de forma paradigmática en Estados Unidos, por ejemplo en la forma en que los republicanos y los demócratas se perciben y se comportan entre sí. «¡A la cárcel!» era el lema de los republicanos contra Hillary Clinton. Y lo mismo se observó en Inglaterra, especialmente en la relación entre los «brexiteers» y los «remainers»: unos estaban firmemente a favor del Brexit y otros totalmente en contra. En los países de habla alemana se observó algo similar en el conflicto entre los antivacunas y los provacunas. En todas partes, ya no debatimos

---

[3] Michael Bruter / Sarah Harrison, *Inside the mind of a voter*, Princeton University Press, Princeton / Oxford, 2025.

sobre cómo queremos vivir, cómo queremos organizar nuestros respectivos estilos de vida, sino que tenemos la sensación de que simplemente no vale la pena escuchar a la otra parte porque son misántropos irracionales o traidores peligrosos para el pueblo: hay que silenciar a la otra parte. Cada vez más los vemos como enemigos a los que queremos silenciar, y esto es válido para ambos bandos: la izquierda considera que la derecha es fascista, racista, antisemita y misántropa, mientras que la derecha considera que la izquierda es traidora, zombi e hipócrita. Así, vemos que la relación agresiva con el mundo, que se deriva de la presión constante por crecer —una presión que nunca termina porque nunca puede satisfacerse—, también se extiende a la política. La agresividad social ha vuelto a convertir la guerra en una opción real en Europa, hasta el punto de que se está extendiendo un ambiente prebélico. Pero la agresividad como modo predominante de relacionarse con el mundo va más allá del nivel macro de la ecología y del nivel meso de la sociedad, llegando al nivel micro de los estilos de vida individuales y a la psique.

Creo que esto se refleja en lo que llamamos *burnout* o agotamiento profesional, o en lo que percibimos como la crisis del *burnout*. Esta crisis ha alcanzado proporciones verdaderamente dramáticas y, según los datos disponibles hasta ahora, ha empeorado significativamente desde la crisis del coronavirus. Los medios de comunicación de casi todas las sociedades informan constantemente sobre esta crisis, con cifras y estadísticas que demuestran cada vez más una creciente «crisis de salud mental», especialmente entre los adolescentes y los estudiantes, pero no solo entre ellos. No estoy citando a los medios de comunicación como prueba del alcance clínico de las enfermedades mentales, sino como indicador de la importancia social de nuestro miedo a ellas. Cuando hablo en una gran sala, suelo hacer una pregunta que también sería muy interesante aquí: ¿quién de vosotros se dice a sí mismo a veces, o al menos ha pensado durante el último año: «El año que viene tengo que bajar un poco el ritmo», o «Tengo que dejar algunas de mis responsabilidades, o también podré acabar agotado», o «Corro el riesgo de agotarme»? Por regla general, casi todas las manos se levantan. Esto ocurre con los estudiantes, con los trabajadores e incluso con los jubilados. La sensación de que «esto no puede seguir así mucho más tiempo» se ha convertido en el sentimiento cultural dominante. Y esto es totalmente independiente de si el aumento de las bajas por agotamiento se confirma con diagnósticos científicos objetivos. Sabemos que debemos ser cautelosos con estas estadísticas. Pero creo que la propia pasión del discurso deja claro que hay una crisis. Mi tesis es que esta crisis es, en su nivel más profundo, una *alteración de nuestra relación con el mundo*. En la sociedad tardomoderna, nos situamos en el mundo de una forma que nos lleva a perder tanto el *deseo de vivir* como la *confianza en la vida*. Esto es precisamente lo que constituye el núcleo del agotamiento: la interacción dinámica entre el sujeto y el mundo, es decir, la voluntad y la capacidad de comprometerse con el mundo en toda su diversidad y rebeldía incontrolable sucumben porque, por un lado, este mundo parece frío, vacío, hostil y gris y, por otro, ya no confiamos en nuestra fuerza para afrontar

los retos impredecibles que nos presenta la vida. En sentido estricto, nos enfrentamos a problemas energéticos tanto a nivel macro como micro: estamos sobrecalentando
la atmósfera, generando calor climático mediante el uso
creciente de energía física, y sobrecalentando nuestra forma de vida mediante el uso excesivo de energía psíquica.
El sistema de estabilización dinámica crea un problema
energético en el clima y un problema energético para la
psique: ambos se están agotando.

Aquí me gustaría añadir un último punto importante
para ayudar a aclarar lo que quiero decir con la expresión
paralización frenética. Estoy convencido de que la situación se ha agravado tanto culturalmente porque hemos
perdido nuestro sentido del progreso histórico y cultural.
Ya lo he señalado al principio. No niego que este programa de crecimiento de la modernidad haya sido eficiente
y muy atractivo durante mucho tiempo. De hecho, no
podemos agradecerlo lo suficiente, ya que ha traído una
increíble prosperidad económica, descubrimientos científicos y capacidades técnicas. La lógica de la estabilización
dinámica ha traído consigo avances en muchos niveles de
la existencia humana. A los críticos de izquierda les diría
que, si ignoran esto, sus críticas se vuelven inofensivas,
porque me parece obvio que el mercado y el capitalismo
fueron motores esenciales para crear todas las oportunidades y recursos que tenemos hoy en día.

Sin embargo, a todo esto se asociaron desde el principio ciertas ideas y promesas culturales, casi religiosas:
aumentando las fuerzas productivas —como habría dicho Marx, y en este punto tenía toda la razón; Marcuse

lo retomó más tarde, y la teoría crítica en su conjunto lo ha subrayado repetidamente— en principio se ha hecho posible una pacificación de la existencia. La promesa era que tendríamos tanto éxito en la transformación de la naturaleza y la superación de la pobreza que ya no tendríamos que luchar por nuestra vida cotidiana, que ya no tendríamos que temer no tener un lugar en el mundo y convertirnos, por así decirlo, en ilegítimos o superfluos; que ya no tendríamos que preocuparnos por nuestra existencia económica, que se superaría la escasez. ¡Sin duda, era una gran promesa! E igual de grande era la promesa de que el progreso científico haría desaparecer la ignorancia: «¡Sabremos cómo vivir correctamente!» Y por «vivir correctamente» me refiero a cosas como «dar a luz correctamente» y «amar correctamente» o «dormir correctamente» y «comer correctamente». Y, más allá de todo esto, el régimen del crecimiento prometía lo siguiente: «Mediante la aceleración, superaremos la falta de tiempo; ¡tendremos tiempo (de vida) en abundancia!»

No obstante, entretanto ha quedado claro que ninguna de estas promesas se ha cumplido, ni mucho menos; incluso parece que se han convertido en todo lo contrario. En realidad, ya nadie cree, ni siquiera los partidarios del crecimiento en nuestro Gobierno, que las cosas vayan a mejorar de forma significativa. La competencia mundial se volverá aún más feroz en una época de crisis climática, y el problema se verá agravado por los países que están ganando terreno. *Debemos prepararnos para el hecho de que todo será mucho más duro en términos de competencia y agotamiento de los recursos.* Este ha sido el consenso durante algún tiempo, especialmente entre los interesados en la economía; y las epidemias y las guerras también están volviendo al centro de la modernidad. Epidemias y guerras: estos son los flagelos primordiales de la humanidad; ¿no pensábamos que ya se habían superado, o que al menos estábamos en proceso de superarlos? Las epidemias y las guerras, aunque existieran, eran cosa del pasado; pero ahora, en 2026, de repente parecen representar el presente y el futuro. También es interesante que este desarrollo aumente la incertidumbre, en lugar de disminuirla, especialmente en la interfaz entre el conocimiento científico y nuestra forma de vida. Por ejemplo, nunca ha habido tanta incertidumbre sobre qué, cuándo y cómo comer o no comer. O pensemos en la locura que rodea la cuestión de las intolerancias alimentarias. Es realmente absurdo: hoy en día sabemos mucho sobre la relación entre la alimentación y el cuerpo, pero ya no sabemos qué debemos comer. Por ejemplo, siempre había creído que una dieta rica en grasas engordaba, pero recientemente he leído que este tipo de dieta es buena, incluso si se quiere perder peso. ¡Y el azúcar no provoca diabetes! Independientemente de la teoría que elijas, lo cierto es que la gente ya no sabe qué debe comer. Si tienes hijos, lo sabes muy bien. Algunos dicen: «No puedo comer eso»; otros dicen: «No debería comer eso»; y otros dicen: «No debería comer esto con aquello», «Tengo que comer por la mañana», «Debería saltarme el desayuno», «Debería ayunar durante doce horas». En resumen: ¡ya no sabemos nada! Una actividad tan simple y natural como comer nos sume en la incertidumbre y la confusión.

Esto también se puede ilustrar con otro ejemplo, en un ámbito en el que, como hombre, me corresponde más bien la humildad, pero que sin embargo me parece interesante: la cuestión del embarazo. Vemos que cuanto más sabemos sobre el parto, *mayor* es el miedo que nos inspira. Esto también está relacionado con un creciente sentimiento de impotencia, porque son los *instrumentos*, como la ecografía, los que le dicen a una mujer embarazada qué hacer y cómo están ella y su bebé. Sus propios sentimientos ya no importan. Hoy sabemos menos sobre el parto que en cualquier siglo o milenio anterior.

Esta forma de ignorancia está aumentando en todos los ámbitos, con el resultado de que las personas están cada vez más insatisfechas consigo mismas. Los datos recopilados alrededor de 1990 muestran que, antes de la reunificación, los habitantes de Alemania Oriental se sentían más cómodos consigo mismos que los alemanes occidentales, aunque no fueran necesariamente más sanos o más atractivos. En este sentido, se podría decir con cinismo que la reunificación ha sido un gran éxito, porque ahora los alemanes orientales también tienen la sensación constante de no ser lo suficientemente buenos. La sensación de no ser lo suficientemente bueno, de no estar satisfecho con el propio cuerpo y la propia psique, de tener que ser, de hecho, completamente distinto, crece constantemente en todos los países occidentales y mucho más allá. Hace tiempo que perdimos la esperanza de encontrar una buena vida y una relación satisfactoria con el mundo a través de la mejora y la optimización constantes. Ahora nos damos cuenta de que esa promesa no se cumplirá. Sin embargo, los alemanes, la UE y también los Estados Unidos quieren seguir creciendo como si nada hubiera cambiado. Tampoco se puede encontrar ninguna alternativa en Asia o América Latina, ni siquiera en África, al menos a nivel estatal.

La modernidad, el sistema social moderno, tuvo tanto éxito y era tan prometedor porque la gente sentía que estaba trabajando por un futuro mejor. Esto se puede observar en los datos de todas las sociedades occidentales o industrializadas en su fase inicial: en estas sociedades, los padres siempre han tenido la convicción —no solo entre la burguesía, sino también entre las clases trabajadoras y las clases bajas y medias— de que trabajaban duro, se esforzaban y se sacrificaban, pero sus hijos tendrían una vida mejor. Se trataba de una convicción y una motivación muy fuertes que, por cierto, también creaban una resonancia o solidaridad intergeneracional. *Trabajamos duro y hacemos sacrificios, pero nuestros hijos entrarán en el reino de la libertad y tendrán una vida mejor.* Esta convicción ha desaparecido, no solo en Occidente, sino también en los países asiáticos desarrollados. Ahora podemos ver en todas partes —Silicon Valley es pionera en esto— que tanto padres como hijos dicen: «Debemos hacer todo lo posible para que a la próxima generación no le vaya mucho peor que a nosotros.» En Silicon Valley, en particular, las tasas de suicidio y depresión son especialmente altas porque los hijos están convencidos de que «no podrán mantener este nivel de vida». Mientras tanto, las investigaciones sociales empíricas, desde Japón hasta Estados Unidos, y especialmente en Europa y Australia, muestran que los padres, de hecho la mayoría de los adultos, están convencidos de que sus hijos estarán en peor situación.

La metanarrativa fundamental de la modernidad —*tenemos poco, trabajamos duro, nuestros hijos tendrán una vida mejor*— ha sido sustituida por la mentalidad de declive de la modernidad tardía: *tenemos mucho, trabajamos duro, nuestros hijos tendrán una vida peor*. A mi juicio, este es un punto crucial: cultural y colectivamente, ya no vivimos con la percepción y la convicción de que nos dirigimos hacia un futuro prometedor, sino más bien de que estamos huyendo de un abismo que nos persigue cada vez más rápidamente desde atrás. Este abismo se define, sobre todo, por una crisis climática cada vez más dramática, por la extinción de especies, pero también por la intensificación de la competencia económica y el retorno de las guerras y las epidemias. A esto me refiero con la expresión *paralización frenética*: cada año tenemos que correr más rápido para evitar caer en el abismo que se nos echa encima por detrás a una velocidad cada vez mayor. Pero nuestra situación histórico-cultural es aún peor: no solo hemos perdido el futuro, sino también el pasado. Así como ya no somos capaces de pintar un panorama prometedor del futuro (cuando se les pregunta sobre el futuro, incluso los niños y los jóvenes dicen que esperan un mundo inhabitable por razones ecológicas o uno en el que las máquinas y los robots con inteligencia artificial nos habrán esclavizado), nuestra visión del pasado también está nublada. Cuando pensamos en la violenta historia del colonialismo, que también forma parte de la modernidad —la subyugación, la esclavitud y la explotación de la

mayoría de la población por parte de una minoría blanca
que predicaba los derechos humanos y la Ilustración mientras practicaba lo contrario: la discriminación y la opresión de las mujeres y las minorías sexuales, la explotación
económica de las clases trabajadoras—, entonces, incluso
en retrospectiva, el régimen de estabilización dinámica no
parece haber sido una historia de progreso. No hay duda
de que la Iglesia y la religión han desempeñado un papel
fundamental en esta historia de violencia (volveré sobre
esto en breve). Sin embargo, en este punto me gustaría
señalar que la modernidad tardía está en proceso de perder tanto el pasado como el futuro; ya no somos capaces
de establecer una relación de resonancia entre ambos que
nos permita explicar nuestra historia como una historia de
movimiento hacia algo bueno, conectando así a las generaciones pasadas con las futuras. Esta es una de las prin-
cipales razones de nuestro fracaso ecológico: si existe un
hilo conductor entre el pasado y el futuro, el destino de las
generaciones futuras será, por así decirlo, una preocupación «natural» para nosotros, que surge orgánicamente del
vínculo histórico. En cambio, cuando este hilo se rompe,
las generaciones pasadas se convierten en una carga tan
grande para nosotros (si tenemos que cuidar sus tumbas)
como las generaciones futuras (a las que percibimos como
competidoras por los escasos recursos).

El panorama del presente que intento describir se ha
vuelto definitivamente negro. Así pues, pasemos final-
mente a lo que quiero oponer al régimen de estabilización
dinámica y a la relación agresiva con el mundo que se
deriva de él, y a por qué creo que hoy, ¡ahora mismo!,

necesitamos las religiones, y quizás incluso las Iglesias, con más urgencia que nunca. La democracia no funciona en un modo de agresividad; creo que esto puede afirmarse como principio general. Lo vemos en las crisis actuales de la democracia. En mi opinión, el lema «Dame un corazón que escuche» tiene, por lo tanto, una dimensión política muy importante. Por cierto, ya la tiene en la Biblia: inesperadamente, Dios convierte al joven Salomón en un gobernante político, un rey, y él no pide armas, poder o aliados, sino, curiosamente, un corazón que escuche. En la Biblia, pues, el corazón que escucha es, por así decirlo, un requisito para el éxito del gobierno político, para el buen gobierno.

En mis trabajos anteriores, he subrayado repetidamente que la democracia se basa en la promesa de hacer audible la voz de todos, y solo funciona cuando la cumple. Sin embargo, últimamente estoy cada vez más convencido de que los *oídos* son igualmente esenciales. No basta con tener una voz que se escuche; también necesitamos oídos para escuchar las voces de los demás. Y, con Salomón, me gustaría ir aún más lejos y decir que, junto con los oídos, también necesitamos un corazón que escuche, un corazón que *quiera* escuchar a los demás y responderles. La otra persona no debe ser silenciada y, preferiblemente, desaparecer porque es un traidor al pueblo, un idiota o simplemente un obstáculo. Quiero escucharla precisamente porque es diferente. Adoptar esta actitud y, por lo tanto, tener un corazón que escucha es bastante difícil en la sociedad actual, donde la presión del tiempo y la competencia están siempre presentes. La gente considera cada vez más a los otros como idiotas: porque quieren vacunarse o no, porque quieren suministrar armas o no, porque utilizan un lenguaje no sexista o no, porque hacen demasiado o demasiado poco para combatir la crisis climática, etcétera. Esto es especialmente importante cuando se lucha por una democracia plena, porque las autoridades tradicionales y nuevas o las restricciones económicas parecen alternativas aún peores. La democracia es el credo central de nuestra sociedad, pero requiere voces, oídos y corazones que escuchen; de lo contrario, se vuelve disfuncional. Lo vemos de nuevo en el contexto de la disputa sobre la admisión de inmigrantes. Algunos dicen: «Hemos dejado entrar a demasiados refugiados»; «Los que abrieron las fronteras en 2015 fueron traidores al Estado; han dejado entrar la violencia y la delincuencia». Y otros dicen: «Nosotros mismos somos los delincuentes por dejar que tantos refugiados se ahoguen y mueran de frío en las fronteras, porque somos totalmente egoístas y despiadados.» Ambas partes sentían, y siguen sintiendo, que en realidad se trata de una lucha contra los delincuentes. En un debate como este, la exigencia de honestidad intelectual de Max Weber me parece de suma importancia: la honestidad intelectual, dice Weber, significa ante todo escuchar y reconocer que en el otro lado puede haber argumentos que me conciernen, que tienen algo que decirme y a los que debo prestar atención. La concepción republicana de la democracia implica que los ciudadanos se encuentran como tales, como personas que tienen algo que decirse unas a otras. Y esto no significa solo «tengo algo que decir*te*» o «le *he dado mi opinión*», sino «*tú* también tienes algo que decir*me*», «quiero escuchar*te*, abrirme a *ti*». La idea republicana de la democracia es que este diálogo conduce a una transformación mutua. Y esto nos permite, en palabras de Hannah Arendt, la *natalidad*: nos permite empezar de nuevo, producir algo nuevo, romper las viejas prisiones del pensamiento y la acción, y también las rutinas institucionales.

Por eso quiero decir: la democracia requiere un *corazón que escuche*; de lo contrario, no funciona. Requiere la voluntad de dejarse llamar y transformar por alguien (completamente) diferente. Pero un corazón que escucha de esta manera no cae del cielo. La actitud asociada a ello es especialmente difícil de adoptar en una sociedad agresiva; en condiciones de presión constante por el crecimiento y la optimización, es una actitud casi irracional. Mi tesis es, por tanto, que son las tradiciones e instituciones religiosas, como las Iglesias, las que poseen las narrativas y la reserva cognitiva, los ritos y las prácticas, los espacios y los tiempos en los que se puede practicar y quizás también experimentar un corazón que escuche.

Esta es la tesis básica que me gustaría presentar a continuación: *debemos dejarnos llamar* si queremos que la democracia funcione. Llevo mucho tiempo diciendo esto como sociólogo, y lo repito ahora no solo por el lema del 2022. El núcleo de la crisis de la modernidad es una *crisis de la receptividad*, y esto es evidente tanto en la crisis de fe como en la crisis de la democracia. Con mi colega, que lamentablemente falleció recientemente, lo expresaría así: lo más importante es que yo me *detenga*, con todos los sentidos de la palabra alemana *aufhören*. El corazón que escucha encaja perfectamente con ello. Por un lado, esta maravillosa palabra alemana, una de mis favoritas, significa parar, detenerse; pero, por otro lado, *auf-hören* también significa escuchar hacia arriba; por lo tanto, implica que, mientras reviso mi lista de tareas pendientes, me detengo, liberándome de la rueda del hámster en la que me agoto en la paralización frenética, y escucho hacia arriba, escucho hacia afuera, me dejo llamar y dejo que algo más me llegue, otra voz que dice algo distinto de lo que hay en mi agenda, de lo que normalmente se espera y de lo que, por así decirlo, forma parte del intercambio funcional.

La sociedad, y de hecho la democracia, requiere la capacidad de dejarse llamar, y eso significa la capacidad de detenerse y escuchar. He intentado resumir esta capacidad con el concepto de resonancia; no es solo una capacidad, sino que implica una relación diferente con el mundo. Si mi diagnóstico es correcto, nos enfrentamos precisamente a este problema fundamental: estoy constantemente en modo agresivo porque todavía tengo que resolver esto, tengo que comprar aquello, quiero tener esto, quiero experimentar aquello, tengo que hacer esto, y así sucesivamente. Tengo que tener cosas, dominarlas, controlarlas o deshacerme de ellas. Y la pregunta es: ¿hay otra manera? ¿Se puede imaginar, experimentar, vivir otra forma de relacionarse con el mundo?

Cuando escuchamos música, nos damos cuenta de que no se trata realmente de controlar, crecer o dominar. Cuando *hacemos* música, tal vez aún sería discutible, pero cuando escucho, no hago más que escuchar. Por supuesto, mientras escucho, sigo sintiendo la tentación de escribir rápidamente un mensaje de WhatsApp o ver qué dicen *The Guardian* o *The New York Times*, y al hacerlo, en realidad dejo de escuchar música. Pero entonces, de repente, ¡me detengo! Me detengo y escucho, ¡porque algo me llega! La música a menudo tiene el poder de transformarnos. A veces siento que incluso se puede sentir físicamente cuando la música te conmueve, o cuando algo te llama y tú respondes. Entonces, por así decirlo, tu estado físico cambia. Te das cuenta de que algo como la respiración cobra vida, una relación respiratoria con el mundo. Te sientes animado. La relación con el mundo se vuelve fluida, rompiendo su rigidez. Y ese es precisamente el momento que importa; algo me llega, algo me llama. En ese momento, aún no sé qué resultará de ello, qué significa ser llamado de esta manera, pero así es como comienza un momento de resonancia.

A mi juicio, la resonancia tiene cuatro elementos o momentos definitorios: el primero es la afectación, o tal vez incluso se podría decir: la llamada. Algo me llama, me hace detenerme y, por lo tanto, esa cosa debe ser diferente de lo que siempre he pensado, sentido o hecho. Aquí es donde entra en juego un aspecto transgresor. La resonancia no es ni pura armonía ni pura conformidad, porque si lo fuera, no sería resonancia. Si siempre oigo lo mismo, aunque sea de forma amplificada, si solo se refuerza lo que siempre he pensado, sentido o hecho, en tal caso eso no puede describirse como una relación de resonancia, porque la resonancia significa sentir algo decididamente distinto, y sin duda esto también puede resultar irritante. Me llega otra voz, de alguna forma. Todos lo sabemos; no es una habilidad secreta que haya que aprender. Entrar en resonancia es algo que incluso los niños muy pequeños hacen; las investigaciones sobre la infancia y el desarrollo lo demuestran. Es ese primer momento en el que el niño se detiene y se da cuenta de que lo que hace provoca un efecto recíproco con lo que consigue (como sujeto y como objeto de la relación). Por ejemplo, hace un ruido y siente y nota cómo responde su madre o quienquiera que lo esté cuidando.

Aquí es donde surge el segundo aspecto de la resonancia, a saber, la autoeficacia. Lo que hago establece una especie de conexión con esta otra persona. La conexión es un aspecto importante y, en mi opinión, la forma básica de resonancia es *escuchar* y *responder*; algo me llega y me llama, y de repente me doy cuenta de que se crea una conexión gracias a mi capacidad de responder a lo que he recibido. Quizá lo que os voy a decir os resulte familiar por situaciones que habéis vivido en la universidad o en la iglesia; o lo sabéis por la escuela o por trabajar con jóvenes; o cuando habláis en una sala llena de gente en cualquier ocasión: a menudo sentís como si estuvieras hablando a una pared. Veis caras aburridas, apáticas o cansadas; la gente está pendiente del móvil, medio dormida. O te odian porque dices algo incorrecto, o porque utilizas un lenguaje no sexista, o porque no lo utilizas: hoy en día te puede caer un palo en cualquiera de los dos casos. Pero también sientes muy claramente cuando la relación cambia, cuando surge una nueva forma de conexión: de repente, ves literalmente como surge la resonancia cuando se expresa un pensamiento: cambia la postura, la dirección de la mirada, la mirada en sí, los ojos se iluminan, algo comienza a moverse. Si se intenta medirlo —el Instituto Max Planck de Estética Empírica de Fráncfort del Meno hace algo similar—, incluso puede hacerse visible. Cuando de repente me detengo y escucho, cuando me permito dejarme conmover por algo, incluso mi frecuencia respiratoria, mi frecuencia cardíaca y la resistencia de mi piel cambian, y se produce un cambio en la liberación de hormonas. Respondemos a la llamada, hacemos algo al respecto, y es precisamente entonces cuando nos sentimos vivos. Este es el momento de sentirse vivo. Bruno Latour, Corinne Pelluchon, Andreas Weber y muchos otros dicen lo mismo. El momento de sentirse vivo es precisamente cuando no solo me llaman, sino que de repente me doy cuenta de que puedo hacer algo con ello, con la voz que me llega, con la música que me encuentra.

No obstante, a veces no conseguimos hacerlo. Entonces tenemos que admitir, incluso ante la música más hermosa: esta es mi canción favorita, pero (esta vez) no me dice nada, no me conmueve. Porque ahora me falta esa respuesta, esa capacidad de escuchar, de tender la mano, de abrirme y hacer algo con ello.

Pero cuando logramos responder a un contacto de manera eficaz, comienza el tercer momento de la resonancia: el momento de la transformación. Cuando se produce la resonancia, cuando escucho y conecto verdaderamente con lo que me llega, me transformo, entro en un estado mental diferente y tengo pensamientos diferentes. Empiezo a ver el mundo de otra manera, a sentir de otra manera o a pensar de manera distinta. Cuando sufro una depresión profunda o un *burnout*, ya no soy capaz de resonar. De hecho, la medicina moderna demuestra que, en un estado de depresión, tanto nuestra capacidad de ser afectados como nuestra energía motriz, y por lo tanto nuestras expectativas de eficacia personal, se reducen significativamente. La resonancia no tiene nada que ver con el significado cognitivamente comprensible, que no se vería afectado por el agotamiento. El agotamiento es prácticamente lo contrario de la resonancia; es el estado en el que ya no soy capaz de resonar, en el que nada me afecta y no puedo afectar a nada ni a nadie; en este caso, carezco de receptividad y autoeficacia, y me siento congelado por dentro, prácticamente incapaz de moverme. Por el contrario, cuando experimento la resonancia y me dejo llamar, también experimento una transformación: ya no soy la misma persona, sino que me transformo en el momento de la experiencia. Como he dicho antes, este es el momento de la vitalidad.

Sin embargo, lo crucial es que no puedo forzar este momento. Puedo comprar entradas caras para el mejor concierto y pensar: «¡Esta será la gran noche!» Antes de mi primer concierto de Pink Floyd, pensé: «Hoy experimentaré la iluminación.» Pero, por desgracia, no fue así. No sé por qué, pero me pareció aburrido, aunque eso sea casi una blasfemia, ya que Pink Floyd es mi banda favorita y los héroes de mi juventud. Por cierto, cuando ocurre algo así, a menudo intentamos convencernos de que fue increíble, fantástico, asombroso (aunque solo sea porque la entrada era muy cara). Creo que cuanto más alardea la gente de su entusiasmo, menos resonancia tiende a haber.

La resonancia no se puede forzar, ni siquiera con las entradas más caras, la garantía de ver la aurora boreal o el escenario más ideal. Las cenas a la luz de las velas y la Navidad también son rituales que utilizamos para intentar crear momentos de resonancia. Las expectativas alcanzan su punto álgido en Nochebuena; hasta las cinco de la tarde, solemos estar desesperados por intentar superar el día a día y, de repente, puntualmente, queremos resonar por completo con nuestra familia, con la Sagrada Familia y, por extensión, con el mensaje santo. Pero todos los que trabajan en estos lugares saben que el riesgo de alienación y el potencial de conflicto nunca son tan grandes como en este preciso momento. Porque la resonancia no se puede activar a voluntad, como si se pulsara un botón. Por eso suelen fracasar las cenas a la luz de las velas: provocan discusiones en lugar de resonancia. El cuarto aspecto de una relación de resonancia es, por lo tanto, su indisponibilidad: no se puede producir, comprar ni forzar.

Pero, en el otro caso, cuando se produce realmente la resonancia, entonces, como he dicho, también se produce una transformación. Lo más emocionante es que no se puede predecir cuál será el resultado, ni qué tipo de transformación será. Tomemos un ejemplo actual: cuando participamos en un debate después de una conferencia o una mesa redonda, podemos decir lo que siempre decimos, sabiendo exactamente cómo responder a un argumento o una pregunta porque lo hemos hecho muchas veces antes. Y los demás participantes en la conversación pueden hacer otro tanto, diciendo lo que ya han dicho diez veces antes, y entonces nos resignamos al hecho de que esta discusión no tiene resonancia. Pero también puede ocurrir que, de repente, nos dejemos conmover, que escuchemos y digamos: «¡Nunca lo había visto así! ¡Es una idea interesante!» Entonces surge algo nuevo; pero, y esto es lo que me interesa, es totalmente imposible predecir, en primer lugar, *si* va a suceder, en segundo lugar, *dónde* sucederá y, en tercer lugar, *qué resultado* tendrá. La indisponibilidad de la resonancia, por lo tanto, incluye la incertidumbre de los resultados. La resonancia es un instrumento pobre si solo te interesa la optimización: en la optimización, siempre sé de antemano exactamente cuál debe ser el resultado, qué cifra o qué parámetro hay que mejorar. Mi colega Hans Joas habla de la *creatividad de la acción*,[4] pero mi metáfora favorita para este cuarto aspecto de la resonancia es el concepto de natalidad de Hannah Arendt,[5] que ya he mencionado: de repente surge un nuevo pensamiento que yo no había tenido antes, y los demás tampoco; o una nueva práctica. Por eso la resonancia es el lugar central donde surge la novedad. Pero esta novedad no está disponible; no se puede prever ni predecir.

Entonces, ¿qué necesitamos en esta sociedad? Sostengo que esta sociedad necesita recuperar precisamente esta capacidad de receptividad y la experiencia de la correspondiente autoeficacia de resultados inciertos. Pero esto

---

[4] Hans JOAS, *Die Kreativität des Handelns*, Suhrkamp, Fráncfort, 1996. [Traducción castellana: *La creatividad de la acción*, traducción de Ignacio Sánchez de la Yncera y Pedro A. Cordero Quiñones, Centro de Investigaciones Sociológicas, Madrid.]

[5] Hannah ARENDT, *Vita activa oder Vom tätigen Leben*, Piper, Múnich, 2002

requiere un cambio en nuestra disposición; nos pide que salgamos de nuestro modo agresivo y, por un momento, no preguntemos: «¿Qué hay para mí? ¿Qué obtengo con ello? ¿Qué más quiero conseguir? ¿Qué puedo controlar? ¿Qué domino? ¿Qué no controlo?» Quizás se podría decir que requiere exponerse; hay que hacerse accesible, y eso siempre significa hacerse vulnerable. Pero, por supuesto, esto es extremadamente arriesgado en una sociedad basada en la competencia y orientada al crecimiento. En cualquier caso, el requisito previo es, sobre todo, esta actitud particular, pero la actitud por sí sola no garantiza que la resonancia se produzca realmente. También necesitamos los espacios sociales, materiales y culturales adecuados.

Y mi tesis es que las religiones, de hecho, suelen tener estos espacios, o al menos que su propósito fundamental es proporcionarlos. Las religiones disponen de elementos que pueden recordarnos que es posible tener una relación con el mundo diferente a la orientada al crecimiento y destinada a proporcionarnos cosas. A veces, esto comienza tan pronto como entramos en una iglesia, capilla o templo: fijaos en la diferencia físicamente perceptible entre entrar en un supermercado o en vuestra oficina, por ejemplo, y entrar en una catedral o una mezquita. Nuestra postura física es distinta, al igual que nuestro estado mental interior y la dirección —la intencionalidad— de nuestro ser-en-el-mundo. Probablemente esto se deba en gran parte al hecho de que pasamos de la *agency* —la acción activa— a la *patiency*: la recepción o la percepción. En la iglesia no tenemos que lograr, dominar, adquirir ni controlar nada. Cuando estamos en la iglesia, no hay

nada que podamos poner a nuestra disposición. El modo
de agresividad no encuentra ningún objeto. Por regla general, no tenemos expectativas específicas: estamos preparados para dejarnos conmover por cualquier cosa que
encontremos. Por supuesto, no siempre es así. Si he tenido
experiencias traumáticas en la iglesia o soy un anticlerical
militante, sin duda no entraré en la iglesia con esa actitud;
entonces quizá prefiera arrancar la cruz de la pared. Es
evidente que ese caso también existe. Y si soy una persona
culta con una larga lista de iglesias que visitar, probablemente seguiré en modo agresivo hacia el mundo: en este
caso, la iglesia y sus objetos de interés cultural no son más
que otro elemento de la lista de cosas por hacer y lugares
por ver. Pero las personas que entran sin esta intención se
encuentran en un contexto espacial, y normalmente en un
silencio y una tranquilidad, en que la actitud agresiva des-
aparece por un momento, independientemente de si son
creyentes o no. Por cierto, el silencio no es simplemente la
ausencia de ruido. Cuando hay silencio, me convierto en
oyente, me abro y salgo completamente de mí mismo. El
muro entre yo y el mundo se abre, se vuelve permeable:
me vuelvo receptivo.

Sin embargo, no pretendo en absoluto afirmar que las
iglesias, las mezquitas o los templos sean los únicos lugares donde se producen estos cambios de actitud: cuando
estamos junto al océano podemos experimentar una apertura similar del pecho, de todo el cuerpo, hacia el vasto
y agitado espacio que se extiende ante nosotros. Pero la
religión también me parece significativa porque, más allá
del espacio material, proporciona muchos otros elementos

de una relación con el mundo transformada en diferentes niveles del ser. Empezando por el concepto del tiempo: basta pensar en canciones como «Mi tiempo está en tus manos» o en el año litúrgico. Mi padre siempre solía decir: «Es terriblemente aburrido, nunca pasa nada, todos los años es lo mismo, lleva así dos mil años.» Me gustaría responderle: «¡Esa es precisamente la cuestión! ¡No hay innovación, ni mejora, ni crecimiento!» Aquí hay una concepción del tiempo distinta de la nuestra, que lo considera un recurso económico necesariamente escaso al que hay que asignar un valor. Pero el tiempo también es importante en otro aspecto, cuando se trata de alcanzar una actitud de receptividad. Las religiones dividen el tiempo en tiempo cotidiano ordinario —el tiempo de la rueda del hámster— y momentos especiales de lo extraordinario. En las sociedades cristianas, los domingos y los días festivos tienen un carácter diferente al de los días laborables normales; o, para ser más precisos, somos *nosotros* los que somos diferentes esos días; nuestra actitud es distinta. Podéis comprobarlo fácilmente por vosotros mismos: los días entre Navidad y Año Nuevo (el periodo designado en alemán como «entre los años»), cuando ya se han hecho todos los asuntos oficiales que había que hacer durante el año anterior y aún no han comenzado los asuntos pendientes para el nuevo año, se perciben de manera diferente al resto del año. Y cuando paseas por tu ciudad un domingo, tienes una sensación diferente a la de un lunes: la presión económica —«tengo que trabajar; todavía tengo que comprar esto y aquello»—, es decir, el ámbito del trabajo y el consumo, queda repentinamente «en suspenso», por así decirlo. En ese momento no puedes ir de compras ni trabajar, y es precisamente eso lo que te hace receptivo, o *más receptivo* que cuando vas al supermercado o a la oficina. Es cierto que no todo el mundo tiene libre el domingo y que no todas las tiendas están cerradas. Pero esta distinción del tiempo sigue siendo válida para la mayoría, y esto también se refleja en el ambiente de la vida social. En otras palabras, al igual que las iglesias, los templos, las mezquitas y los lugares de peregrinación tienden a hacernos receptivos, también lo hacen los días festivos y las «horas santas». Y dado que esta receptividad es, en primer lugar, una actitud creada y compartida colectivamente y, en segundo lugar, una actitud culturalmente ritualizada y practicada, en este libro hablo de *religión* y no simplemente de *espiritualidad*. No niego que la receptividad también pueda desarrollarse y practicarse individualmente, pero las religiones institucionalizadas nos la enseñan durante la infancia de la manera descrita anteriormente y, a menudo, la anclan profundamente en nuestro ser-en-el-mundo físico como una posible actitud hacia el mundo.

Pero, lo que es más importante, el punto crucial, me parece que es que casi todo el pensamiento religioso en las tradiciones más diversas, las mejores interpretaciones religiosas, se basan en la idea y la realización de relaciones de resonancia. Cuando escribí el libro sobre la resonancia como sociólogo, aún no lo sabía; solo me di cuenta más tarde, porque muchos teólogos me lo comentaron. Tomemos como ejemplo la pericoresis, la Trinidad: conceptualmente, es una relación de resonancia entre el Padre, el Hijo y el Espíritu Santo y, más allá de eso, también entre

Dios y los creyentes. En otra parte del libro sobre la resonancia, me pregunté si el catolicismo en particular puede tener ciertos elementos o cualidades de resonancia de los que el protestantismo carece, y me siento tentado a decir: ¡sí! En el catolicismo, las ideas de resonancia están más estrechamente vinculadas a las prácticas materiales y físicas y a las experiencias corporales que, por ejemplo, en las Iglesias protestantes. Como niño protestante, siempre envidiaba a mis compañeros católicos, por ejemplo, cuando hacían la señal de la cruz o cuando mojaban las yemas de los dedos en agua bendita, respiraban incienso, se arrodillaban, encendían una vela o invocaban a los santos. Para mí, nunca se ha tratado del contenido cognitivo o incluso del «contenido de verdad» de estas acciones y pensamientos, ni de su «eficacia», sino más bien de la forma de relacionarse con el mundo que encarnan. La idea detrás de todos estos gestos y ritos es siempre que establecemos una especie de conexión, una conexión resonante con el mundo y con otro mundo. Algo me conmueve y desencadena un efecto transformador en mi interior; esta es la idea que se comparte y se experimenta en estos casos. Huelga decir que el protestantismo también está familiarizado con estas ideas y relaciones —todas las religiones lo están—, pero las ha espiritualizado y, por lo tanto, quizá también las ha situado en un lugar más profundo.

Por cierto, el anhelo de estas resonancias, mucho más allá de los contextos religiosos, ha adquirido una dimensión increíble en la sociedad. En mi opinión —reforzada por una excelente tesis sobre el tema escrita por Hana Dolezalova en Jena—, casi todos los fenómenos que se engloban bajo la etiqueta de New Age o esoterismo pueden interpretarse como la expresión de un anhelo de resonancia y de una creencia en la resonancia profundamente arraigados. La gente busca la resonancia en las piedras y las hierbas, en los arroyos, las montañas y las estrellas; quiere recuperarla en estas cosas. «Sí, existe algún tipo de relación entre la piedra preciosa y yo», o entre las flores de Bach y yo, o entre el agua curativa y yo. Por otro lado, debo protegerme del mal de ojo y de las misteriosas radiaciones terrestres. Todas estas son ideas de resonancia. La razón por la que la astrología y los horóscopos siguen estando tan extendidos y siendo tan populares no es que sean plausibles desde un punto de vista astronómico o científico, ni que ofrezcan buenos modelos explicativos. La mayoría de las personas que los consultan se justifican con afirmaciones como: «En realidad no creo en ello, pero aun así…» ¿Aun así… qué? Creo que si resultan tan atractivos para tanta gente en la modernidad tardía es porque tocan un sentido de la existencia de una conexión, un vínculo —una relación de resonancia—, entre los confines del mundo, o la realidad total, el cosmos, y nuestro ser más íntimo, nuestro destino, nuestro carácter.

Es precisamente de este sentido de donde deriva su gran fuerza la religión; es decir, del hecho de que ofrece una especie de promesa vertical de resonancia, diciendo: *en el corazón de mi existencia no hay un universo silencioso, frío, hostil o indiferente, sino una relación de respuesta.* A mi juicio, este es el núcleo del pensamiento religioso en las religiones monoteístas, pero probablemente también mucho más allá, sin duda en el hinduismo y también en el budismo. Pero centrémonos en el cristianismo: para mí, la idea crucial es que en el centro de mi existencia no hay un universo silencioso, un mecanismo frío, el azar desnudo o incluso una realidad hostil, sino una relación de respuesta. «Te he llamado por tu nombre; eres mío.» Si eso no es una promesa de resonancia… ¡Algo me ha llamado y se refería a mí, incluso antes de que yo existiera! O consideremos la idea: «Te he insuflado el aliento de vida.» La Biblia está llena de imágenes como estas, y por eso la interpreto como un único documento del grito, la llamada y la súplica para ser escuchado, para encontrar resonancia, para encontrar ecos frente a un universo silencioso.

Y la Biblia, la fe, la Iglesia, ofrece esta única respuesta, esta única promesa: hay alguien que se refería a *ti*, que te ha llamado a *ti*, que te *escucha*, que responde, aunque no entendamos esta respuesta, aunque no esté disponible aquí y ahora. La resonancia en sí misma es constitutivamente indisponible, como acabamos de establecer, incluso en el caso de las relaciones de resonancia con las personas que se encuentran en la misma habitación, pero el factor decisivo es la promesa (¿o es un voto?) de que existencialmente nos encontramos en una relación de resonancia. Esto puede dar lugar a un eje de resonancia tangible, incluso físicamente visible, por ejemplo en la postura de la oración. Como sociólogo, me pregunté: «Cuando alguien reza, ¿se dirige hacia fuera o hacia dentro?» Y la sorprendente respuesta fue: ¡a ambos lugares a la vez! Entonces se establece un eje que une lo más profundo de nuestra existencia con los confines más lejanos. Allí, en las profundidades de su existencia, la persona que reza está en relación con el Otro englobante, en expresión de Karl Jaspers. La esencia de mi existencia es una relación de resonancia, dice Martin Buber.[6] «Si tomare las alas del alba, y habitare en el extremo de la mar, aun allí me guiará tu mano, y me asirá tu diestra», como se expresa en el famoso salmo 139 de la Biblia.

Pero esto no es solo una idea teológica, es una práctica religiosa vivida. Consideremos, por ejemplo, el rito de la comunión. Los cuatro ejes de resonancia se activan simultáneamente: entre las personas (eje social de resonancia), de las personas a las cosas (eje material de resonancia) y hacia el Otro englobante (eje existencial o vertical de resonancia), así como el eje de resonancia del yo (entre cuerpo y espíritu); entonces surge la *communio*, una relación entre las personas y una relación con el todo englobante.

Sin embargo, aquí es esencial hacer una advertencia. El hecho de que el pensamiento y la práctica religiosos puedan tener este potencial de resonancia no significa que la religión vivida y, sobre todo, la institucionalizada lo active y lo aproveche realmente. Sabemos por la historia de la religión que es más probable que ocurra lo contrario. Históricamente, casi ninguna institución ha sido más eficaz a la hora de acabar con la resonancia que las Iglesias cristianas. Pero lo mismo cabe decir de otros tipos de instituciones y autoridades religiosas. De hecho, me temo que la posibilidad, quizás incluso la tendencia, de silenciar los ejes de resonancia es tan intrínseca a la naturaleza de la religión como el potencial para abrirlos.

---

[6] Martin BUBER, *Ich und Du*, Reclam, Stuttgart, 2021. [Traducción castellana: Martin BUBER, *Yo y tú*, traducción de Carlos Díaz, Movimiento Cultural Cristiano, Madrid, 1996.]

La razón de esto es obvia: la indisponibilidad constitutiva de la resonancia, que significa que nunca se puede «atrapar» o asegurar ni a la otra parte en la relación ni la calidad de la relación, suele ser un problema para las personas, como se puede ver, por ejemplo, en las relaciones familiares; pero lo es especialmente para las instituciones y las autoridades.

Esto da lugar a un intento de crear disponibilidad y, al hacerlo, asegurar la propia eficacia en la relación. Entonces, se define, se catequiza y se dogmatiza a «Dios», con el resultado de que las autoridades religiosas presumen de saber lo que «Dios dice» y lo que «Dios quiere». Con ello, sin embargo, se cierra el eje vertical de la resonancia. La forma básica de la relación ya no es de *escucha y respuesta* abierta a un Otro indisponible, sino de *conocimiento e imposición*. Por lo tanto, Bruno Latour cree que exigir a una persona que declare *en qué* cree marca el fin de la religión (en el sentido de una relación de resonancia). Declarar lo que dice la religión la transforma instantáneamente en una monstruosidad.[7]

Así pues, las instituciones religiosas, especialmente aquellas que se preocupan dogmática y teológicamente por la «doctrina pura», pueden convertirse rápidamente en monstruos que no solo matan el eje vertical de la resonancia, sino que también silencian el eje social de la relación: «*Porque Dios dice que... debes hacer esto y no aquello. No queremos oír tu propia voz; no se puede confiar en*

---

[7] Bruno Latour, *Jubilieren. Über religiöse Rede*, Suhrkamp, Berlín, 2016.

ella; es irrelevante o errónea.» Esto significa que, al menos potencialmente, la relación social ya no se estructura como una relación de resonancia, sino como una relación implacable de mando, dominación y sometimiento en nombre de Dios. Esto es lo contrario de la resonancia, y lo más perverso es que de la relación de resonancia vertical, meramente postulada y dogmatizada, se deriva directamente un poder social considerable. Esto explica la interminable cadena de escándalos de abusos sexuales en la Iglesia católica y otras confesiones, y la sordera a la resonancia social basada en la religión también explica por qué a las instituciones religiosas de muchos lugares les resulta tan difícil conceder a las mujeres una «voz propia» igualitaria y aceptar el amor homosexual. El intento de hacer disponible la dimensión vertical parece obligarlas a hacerse constitutivamente «inaccesibles» en la dimensión interpersonal: a cerrar sus corazones. El *corazón que escucha* es sustituido entonces por un órgano frío, monologante y sordo.

La convicción de llevar a cabo la «voluntad de Dios» u obedecer y hacer cumplir las «leyes sagradas» puede conducir a una disposición, capacidad y voluntad extremas de cerrarse a la voz, los ojos y el rostro de los demás. Por un lado, esto explica el fanatismo religioso que es (en parte) responsable de muchas guerras y actos de violencia hasta el día de hoy y que lleva a las personas seculares a considerar las religiones como la raíz de todos los males del mundo. Por otro lado, también explica cómo la historia de la violencia en la modernidad se ha llevado a cabo en gran medida en nombre de las Iglesias y a menudo ha tenido motivaciones religiosas. Los creyentes que actúan con extrema insensibilidad hacia otras personas (mujeres, personas de otra fe, personas que aman de manera distinta, etc.) pueden interpretar este comportamiento como la expresión de una relación de respuesta eficaz al «llamado divino». Aquí se encuentra tal vez el mayor peligro de la religión; en esto radica su rostro de Jano.

En los últimos años se ha hablado y escrito mucho sobre este lado oscuro y hostil a la resonancia de la religión y las Iglesias; gracias a Dios, ya es algo que está en gran medida a la vista del público y que ha llevado, por ejemplo en Alemania, a un número récord de personas que abandonan las Iglesias institucionalizadas y a que los servicios religiosos estén cada vez más vacíos. Por lo tanto, no hace falta insistir en los tristes detalles de este aspecto de la religión. Sin embargo, creo que es importante subrayar que esta sordera a la resonancia no es una consecuencia necesaria, ni un rasgo inherente a la religión, sino solo un (terrible) potencial, y no debemos olvidar su otra cara, su mayor potencial: la posibilidad de experimentar la resonancia en los patrones religiosos de relación, de experimentar la capacidad de dejarnos llamar y de practicar de forma disposicional una voluntad de transformación. Si entendemos la religión en su esencia como un acontecimiento de resonancia, como aquello que engendra la *capacidad de dejarnos llamar*, y no como la guardiana y defensora de verdades absolutas, tendremos una herramienta eficaz para evitar que se convierta en un monstruo.

Para mí, no se trata de si es razonable creer, si hay pruebas de la existencia de Dios, si la Biblia explica el mundo o es la palabra de Dios, ni nada por el estilo. Como

sociólogo, no puedo responder a ninguna de estas preguntas, ni siquiera plantearlas de forma significativa. La cuestión, para mí, es qué tipo de *relación con el mundo* surge
de la práctica religiosa o en ella. Mi conclusión final es,
por lo tanto: la religión tiene la fuerza, tiene un reposito-
rio de ideas y un arsenal ritual lleno de canciones, gestos,
espacios y tiempos, tradiciones y prácticas que pueden
abrir la comprensión de lo que significa dejarse llamar,
dejarse transformar, estar en resonancia. Sin este sentido,
esta es mi tesis, una democracia viva no puede funcionar.

Si la sociedad pierde esto, si olvida esta posibilidad
de relación, quedará definitivamente liquidada como
democracia. Y por eso la respuesta a la pregunta de si
la sociedad actual todavía necesita la religión puede ser:
¡sí! ¡Especialmente ahora, en esta época de crisis de la
receptividad!

Cubierta y diseño editorial: Éride, Diseño Gráfico
Dirección editorial: ángel jiménez
Dirección de la colección: Ramón Paso
Maquetación: Ana Azorín

Primera edición: octubre, 2025

El monte de las Ánimas
© José Ramón Fernández
© Del prólogo: Enrique Gallud Jardiel
© VdB, 2025
Espronceda, 5
28003 Madrid

VdB®

ISBN: 979-13-87644-44-4
Depósito Legal: M-22493-2025
Diseño y preimpresión: Éride, Diseño Gráfico

Este libro protege el entorno

José Ramón Fernández
(Madrid, 1962)

Filólogo, dramaturgo y narrador español. Licenciado en Filología por la Universidad Complutense de Madrid. Considerado uno de los autores más importantes de su generación,su obra ha sido reconocida con premios como el Premio Nacional de Literatura Dramática, por *La colmena científica* o *El café de Negrín* (2011), el Premio Nacional de Teatro Calderón de la Barca, por *Para quemar la memoria* (1998) o el Premio Lope de Vega, por *Nina* (2003). Asimismo, fue finalista del Premio Tirso de Molina por *La tierra* (1998). En 1993, junto a los dramaturgos Juan Mayorga, Luis Miguel González Cruz y Raúl Hernández Garrido, funda el colectivo «El astillero».

Ha estrenado una treintena de obras —entre las que destaca *Las Manos*, primera pieza de la Trilogía de la juventud (escrita en colaboración con Yolanda Pallín y Javier García Yagüe) y por la que recibió el Premio Ojo Crítico y el Premio Max de la SGAE al mejor texto en castellano— y veinte versiones o traducciones de textos ajenos.

En 2011 publicó la novela *Un dedo con un anillo de cuero*, en lo que supuso su regreso al género que le vio nacer como escritor. En 2021 publicó *Emilia, borriquita (Cartas que no escribió Galdós)* y en 2023 *Tarjeta de visita*, una recopilación de catorce obras de teatro.

Ahora nos presenta *El monte de las Ánimas*, versión basada en leyendas de Gustavo Adolfo Bécquer.

José Ramón Fernández

EL MONTE DE LAS ÁNIMAS
(Historias de terror)

Dramaturgia de José Ramón Fernández
basada en Leyendas
de
Gustavo Adolfo Bécquer

Esta función se estrenó en el Teatro Fernán Gómez de Madrid
el 1 de noviembre de 2024, interpretada por
Alba Redondo, Javier Godino, Lucía Esteso y Pablo Béjar.

Codirección: Ignacio García y Pepa Pedroche.

(Dedicado a la memoria de Julián Ortega)

Dicen aquellos de mente aristotélica y fanáticos de las etiquetas y las clasificaciones que existen dos romanticismos: el del Norte y el del Sur. Si es así, tendríamos, por un lado y en confuso desorden, noches, brumas, bosques, oscuridad, acantilados, trasgos, cementerios, mitos, castillos, vampiros, tormentas, miedo, misterios, epidemias, ruinas, calaveras, brujos, maldiciones, cadáveres, angustia, goticismo, magias, frío y desolación en los paisajes y en las almas. Y en el otro, hallaríamos sol, cuchillos, pasiones, envidias, milagros, castigos, destinos, erotismo, sangre, iglesias, celos, diablos, exotismo, santos, vendettas, beldades, maldiciones, tragedias, juramentos, besos, supersticiones, luz, secretos, vicios y venganzas. Pues bien, Gustavo Adolfo sería ese romántico tardío español que bebería en todas estas fuentes y amalgamaría todos estos elementos en sus narraciones. Esto se traduce en personalidad literaria y en la noción de que, por encima de géneros y subgéneros, está la obra única, analizable, pero no clasificable, por su complejidad. O que, en todo caso, tendríamos que estar hablando de un subgénero aparte de la narrativa de terror. En resumen: si de verdad hay un Norte y un Sur, el escritor sabe darnos lo mejor de ambos mundos.

Y le llamo escritor y no poeta —error en el que la inercia crítica suele caer— porque la calidad de la obra poética de Bécquer puede ser indudable, pero no debemos olvidar que eran versos que él escribía para sí mismo como principal lector. En cambio, sus *Leyendas* las produce no solo en sus años más fértiles y felices en lo creativo, sino con una plena voluntad de perfección: no se limita a narrar, sino que modela muy cuidadosamente los elementos externos de sus historias, en una prosa rayana en lo poético que antecederá a lo hecho años más tarde, durante el modernismo. Pero dejemos este aspecto para más adelante y centrémonos en la leyenda en que se basa la obra que tienen en sus manos.

Sobre una antigua tradición soriana de amor trágico y terror sobrenatural construye Bécquer una trama sólida, interesante y completamente acorde con su colección de otros relatos, que apareció en el tomo primero («Prosa») de sus *Obras* (1871). *El monte de las ánimas* se publica el 7 de noviembre de 1861 en la revista El Contemporáneo, donde aparecieron otras de la misma colección. Esta pieza no desmerece de las más famosas, como *Maese Pérez, el organista*, *El «miserere»*, *¡Creed en Dios!* o *La cruz del diablo*, y comparte con ellas varios temas.

En una época medieval incierta, durante la noche de Todos los Santos, el apasionado Alonso narra a su prima Beatriz —mujer fría y calculadora a la que ama— la leyenda del Monte de las Ánimas, donde había tenido lugar una sangrienta batalla entre los Templarios y los nobles sorianos. En esa noche los espectros de los muertos vagan por el lugar. Para su satisfacción de mujer deseada y por la que puede arrostrarse cualquier peligro, Beatriz exige que Alonso busque esa noche en el monte una cinta azul que ha perdido. Él teme hacerlo, pero para satisfacer a su amada, marcha al lugar. Ella le espera en su habitación, cree escuchar pasos, se asusta, tiene extrañas visiones. Por la mañana, encuentra la cinta ensangrentada sobre su lecho y le informan de que Alonso ha muerto.

El epílogo de la historia nos detalla que un caminante extraviado que pasó la noche de Difuntos sin poder salir del monte, contó antes de morir cosas horribles, pues vio a los esqueletos de los Templarios y los nobles de Soria levantarse y perseguir «a una mujer hermosa, pálida y desmelenada, que con los pies desnudos y sangrientos y arrojando gritos de horror, daba vueltas alrededor de la tumba de Alonso» (1983: 116).

Los expertos han analizado las fuentes probables de la historia. La autenticidad de la leyenda está fuera de toda duda. En cuanto a los modelos del tratamiento son Patricio de la Escosura (*El bulto vestido de negro capuz*), José de Espronceda (*El estudiante de Salamanca*), algunas piezas de Enrique Gil y Zárate y del Duque de Rivas y las leyendas en verso de José Zorrilla. La innovación de Gustavo Adolfo es abandonar la forma rimada en el que están escritas las composiciones anteriores y emplear la prosa, de la que se ve obligado a hacer un tratamiento distinto del que se usaba en la novela histórica de la primera mitad del siglo.

En cuanto a los temas, elementos y ambientación, la historia se adecúa a lo que las revistas exigían como requisito imprescindible para la publicación. Tenían que ser relatos breves, que pudieran atraer la atención de lectores apresurados y sin paciencia para degustar libros más extensos.

El gusto por la resurrección del pasado histórico del romanticismo obligaba ya de alguna manera a esa ambientación temporal medievalista de la novela gótica inglesa, con todos sus elementos particulares: combates, hechicerías, corceles, armas..., así como el influjo de Hoffman, uno de los autores más leídos por Becker. Ya se ha destacado también la influencia heineana y del romanticismo germánico en la poesía del autor, algo que permea asimismo en parte su prosa.

En cuanto al tiempo, Bécquer gusta de destacar lo sobrenatural y lo fantástico de sus cuentos, intentando ofrecernos una garantía de verdad. Como en otros casos, nos proporciona una localización geográfica bastante precisa, para, de esta manera, convencernos de su verosimilitud. Nos dice que es una tradición de Soria y que él mismo la escuchó de boca de un natural del lugar.

En lo referente a la temática, el amor trágico queda aquí solapado y hasta cierto punto minimizado por el terror y los aspectos sobrenaturales de la narración, ya que esta se encuentra impregnada de elementos fantasmagóricos y supersticiones que se combinan para generar esa intervención de lo empavorecedor, propia también del germanismo. Los personajes sufren un miedo que no es gratuito, que no es algo que pase solo en sus mentes. Lo fantástico, lo extraño, lo inexplicable, lo terrorífico no son algo subjetivo: son elementos reales y forman parte integrante del argumento. Tenemos en esta leyenda ese arquetipo tan de moda en la cinematografía: los muertos vivientes.

Además, sabe emplear magistralmente las elipsis y las transiciones para crear un efecto dramático de gran calidad. ¿Qué ser es el que trae la cinta azul a la habitación de Beatriz? Si se nos hubiera descrito, la narración habría sido más vulgar y convencional.

El destino trágico y la justicia poética serían otros dos elementos altamente destacables. Beatriz, movida por su vanidad y su egoísmo, provoca la muerte de Alonso y ha de pagar un alto precio por ello. La justicia poética la condena a una vida atormentada en medio del horror. La literatura romántica siempre mantuvo como uno de sus recursos más efectivos el destino inexorable, en el que los personajes se ven arrastrados por fuerzas fuera de su control. De alguna manera, en cierto sentido inmisericorde, el lector no puede compadecerse de lo que se nos cuenta al final de la historia, sino que considera que se ha producido un justo castigo a la crueldad de la protagonista.

Porque Beatriz es uno de esos modelos de mujer de belleza despiadada que atrae a los hombres para destruirlos: un ser frío, de corazón de piedra, que lleva al hombre hasta el sacrilegio —tema recurrente en otras de las leyendas becquerianas—, hermana de otras heroínas como la mujer de fantástica hermosura de *Los ojos verdes*, que arrastra a sus amantes al fondo del abismo, o doña Inés de Tordesillas, de *El Cristo de la calavera*, por la que dos amigos pelean hasta la muerte.

La consecuencia es que el amor es aquí una fuerza destructiva capaz de condenar a los personajes, con lo que vemos una crítica feroz a la frivolidad de ciertos sentimientos.

Por último, cabría destacar el tema de la fragilidad humana. Los hombres son criaturas que no entienden su entorno y que son víctimas de sus propias decisiones, al par que se enfrentan a fuerzas que no pueden dominar. El miedo y la superstición les atrapan y modifican su destino. El Monte de las Ánimas no es solo aquí un lugar físico, entre real y legendario, sino asimismo un espacio simbólico de lo desconocido que inspira temor a los hombres.

En cuanto a la forma externa de esta historia, Bécquer opta por un narrador omnisciente y en tercera persona que le permite generar suspense y mantener el tono tenebroso del relato. Mediante descripciones detalladas y un hábil uso de la ambientación, consigue la sensación de angustia y misterio que se propone presentar.

Su lenguaje es poético y evocador, con un empleo muy repetido de la sinestesia: sensaciones, como el viento que gime entre las ruinas, las campanas lejanas, los ruidos que escucha

Beatriz en la soledad de la noche, los colores, el frío. No faltan tampoco las metáforas: el monte como representación de la frontera física entre el mundo de los vivos y los muertos, la Noche de Difuntos como el límite temporal entre ambos espacios, la banda azul como símbolo de la coquetería femenina y otros. Encontramos también repeticiones, paralelismos y toda suerte de figuras retóricas que contribuyen a la sensación de inevitabilidad del destino final de los protagonistas. El ritmo es creciente, lento al principio y aumentando su gradación hacia el clímax, con un manejo óptimo de la tensión dramática.

Así es que el narrador no trata solo de transmitir adecuadamente su historia, sino que se propone emplear un nuevo tipo de prosa más musical y expresiva de un sentimiento poético. Es en este sentido un precursor de los modernistas, con un estilo pleno de sensualidad y evocaciones. La personalidad poética del autor se impone a la hora de expresar los estados del alma y hay evidentes correlaciones expresivas e incluso repeticiones entre esta leyenda y algunos versos de sus Rimas. Podemos decir que Bécquer es, en su momento, el primer escritor de un tiempo nuevo.

BÉCQUER, G. A. (1983) Leyendas. Madrid: Alianza, 3ª ed.

Enrique Gallud Jardiel

Por orden de intervención

Jesús
Alegre, bromista. Quiere agradar. Juega a meter miedo y a veces lo tiene él.

Alonso
Cree en las leyendas. Tal vez sabe que son verdad y teme que corran peligro. Está fascinado con Beatriz.

Beatriz
Está de visita, en un lugar que le resulta pobre y poco atractivo. Se entretiene dejándose querer y no se impresiona por las historias de terror.

Blanca
Esconde un secreto bajo la apariencia de una muchacha despreocupada.

2   2

I

Soria. Hacia 1890.

Quien ha estado en el bosque de noche sabe que se pasa miedo. Y quien no ha estado nunca, tiene guardada entre sus pesadillas infantiles las imágenes de los cuentos. ¡Cuántos cuentos meten a unos pobres niños o a una muchacha en la oscuridad tenebrosa del bosque! Por eso, estos cuatro excursionistas están saliendo de allí, ladera abajo, disimulando su miedo, y sienten cierto alivio cuando llegan al claro. Es la hora que se conoce como luz entre perro y lobo, no queda mucho para que anochezca. Se detienen.

Jesús   Bueno, pues ya hemos salido del bosque. Paramos un poco ¿no?

Alonso   Podemos comer algo aquí, pero no nos podemos entretener. Está a punto de hacerse de noche. Y tenemos que dejarlo todo recogido antes de irnos.

Beatriz   Todavía hay luz.

Jesús   Por aquí se hace de noche casi de golpe. Y más con estas nubes. Y esta noche no hay luna.

Blanca   Yo necesito parar. Teníamos que habernos vestido como los hombres. Así no se puede andar por el campo.

Jesús   ¿Te ibas a poner unos pantalones?

Blanca   En París dicen que los venden, ¿Verdad, prima?

Beatriz   Los venden. Pero no los compra nadie.

Blanca   Lo leí en El Imparcial. Claro que no me los pondría para salir a la calle. Me correrían a pedradas por todo el pueblo. Pero para subir al monte...

Jesús   La prima Blanca con pantalones.

Beatriz   El mundo está cambiando, Jesús.

Jesús   Esta zona del mundo cambia poco.

Beatriz   ¿Estamos lejos del pueblo?

Alonso   Sí.

Jesús   Eso se sabe por las campanas. Si estás lejos, ya no se oyen. Se tienen que oír a un par de leguas, que son unos once kilómetros. De aquí al pueblo hay casi el doble. Si fuéramos en llano, dos horas o así, pero por aquí, lo menos cuatro.

Alonso	Un poco más.
Blanca	Yo las he oído antes. Las campanas.
Jesús	¿Desde aquí?
Blanca	Más atrás. Muy lentas. Tocaban a muerto.
Alonso	No puede ser, estamos muy lejos todavía.
Blanca	Hoy es la noche. La noche de difuntos.
Alonso	Sí.
Jesús	Habrás oído las de la iglesia que hemos pasado. Solo que allí no hay campanas. Pero dicen que suenan en la noche de difuntos. (*A* **Alonso**.) Cuando lleguemos al refugio, nos tienes que contar las nuevas. (*A* **Beatriz**.) Alonso colecciona historias de miedo.
Alonso	No... No le hagas caso. Colecciono leyendas. En esta tierra hay muchas. Cosas que cuentan los abuelos a los niños para que no suban solos al monte, o para que no hablen con extraños, o para que no se acerquen a las vías del tren.
Beatriz	¿Para que no se acerquen a las vías?
Jesús	El sacamantecas.
Alonso	Los niños se acercan a ver pasar los trenes, porque son algo nuevo. Aquí tenemos estación

desde hace tres años. Han muerto niños por acercarse demasiado a la vía.

Jesús   Es una versión del hombre del saco. El sacamantecas se los lleva, los mata y con ellos fabrica aceite.

Beatriz   Qué asco.

Jesús   Alonso se pone muy serio cuando las cuenta, ya verás. Y hoy es noche de difuntos.

Blanca   Nos vamos a perder la fiesta.

Jesús   Bueno, igual nos encontramos con una fiesta de verdad. El baile de los muertos.

Blanca   Eres tonto.

Jesús   Aquí la gente cree en esas cosas. Nadie sale al monte por la noche.

Beatriz   Ya. Esa la conozco, lo de la santa compaña.

Alonso   No. Aquí la historia es otra. Y tiene algo de verdad. En este monte se derramó mucha sangre. La sangre derramada grita. Lo dice la Biblia.

Beatriz   ¿Aquí hubo una batalla?

Alonso   Algo peor. Una matanza sin piedad. Fue hace siglos. Se supone que es verdad. Caminamos sobre los muertos.

Jesús   Venga, cuenta la historia.

Alonso   Bueno, ahí va, como el caballo de copas. Pero luego nos tenemos que dar prisa. Dentro de poco sonará la oración en los Templarios, y las ánimas de los difuntos comenzarán a tañer su campana en la capilla del monte. Porque esta historia sucede aquí, en lo que llaman el monte de las ánimas.

Jesús   Es esa capilla en ruinas que hemos pasado antes.

Beatriz   ¿En serio? ¿Queréis asustarme? Venga, contad la historia sin idioteces, que no tenemos doce años.

Alonso   No, prima; tú no sabes casi nada de lo que pasa en este país, porque hace poco que has venido aquí. Pero estas leyendas están pegadas a la tierra que pisamos. Y a nuestros sueños. Mejor dicho, a nuestras pesadillas. Son historias que oímos contar sin entenderlas, en esa edad en que todo lo que nos cuentan es real. Y se quedan pegadas a nuestros sueños. A cualquier niño le preguntas y te puede contar pesadillas, sin haber vivido nada malo.

Beatriz   Bueno, luego crecemos.

Alonso   Con ellas dentro. Este monte que hoy llaman de las Ánimas pertenecía a los Templarios, ese convento que ves allí, a la margen del río, era suyo. Los Templarios eran guerreros y religiosos a la vez. Cuando conquistaron Soria a los árabes, el rey los hizo venir para defender la ciudad por la parte del puente, te acuerdas que hace una curva el río...

Beatriz   Sí.

Alonso   Pues al pedir la ayuda a los Templarios, el rey insultaba muy gravemente a sus nobles de Castilla, que habrían sabido defender la ciudad ellos solos, como solos la conquistaron. Pero el rey necesitaba ayudarse de las órdenes contra los nobles, que tenían demasiado poder.

Jesús   La política...

Alonso   Entre los caballeros de la orden de los Templarios y los hidalgos de la ciudad fermentó un odio profundo por algunos años, y al final estalló.

Jesús   Los Templarios tenían acotado ese monte, donde reservaban caza abundante; los hidalgos no tenían derecho sobre los montes que siempre habían sido suyos, y que eran los más ricos de la región. Así que decidieron organizar una gran batida en el coto. Iban a cazar lo que les diese la gana.

Alonso   Esa era la idea. Pero aquello no fue una cacería, fue una batalla espantosa: el monte quedó sembrado de cadáveres; los lobos tuvieron un festín de sangre. Imagínate este monte lleno de muertos despedazados por los lobos, por los buitres. Imagina las madres tratando de conocer a sus hijos en aquellos trozos de carne...

Beatriz   Sí, ya vale...

Alonso   Por último, intervino el rey; el monte se declaró abandonado, y en el atrio de la capilla de los Templarios, ahí, en el mismo monte, se enterraron juntos amigos y enemigos. El tiempo hace su trabajo y piedra a piedra comenzó a desmoronarse, hasta ser la ruina que has visto hoy.

Jesús   Desde entonces, dicen que, cuando llega la noche de Difuntos, se oye doblar sola la campana de la capilla, y que las ánimas de los muertos corren como en una cacería fantástica por entre las breñas y los zarzales. Y los lobos vuelven a devorarlos porque esa es su maldición.

Alonso   Ya lo oiréis esta noche desde el refugio.

Jesús   Los ciervos braman espantados, los lobos aúllan, las culebras dan unos silbidos horrorosos, y mañana, puede ser que veamos impresas en la nieve las huellas de los pies de los esqueletos.

Beatriz   Venga, Jesús...

Alonso   Por eso en Soria lo llamamos el Monte de las Ánimas, y por eso he querido salir de él antes que cierre la noche.

Beatriz   Vamos, que tú te crees la leyenda.

Alonso Bueno, por si acaso.

(**Beatriz** *sonríe.*)

Beatriz No sé si queréis asustarme o tomarme el pelo. A lo mejor es verdad que mi primo tiene miedo.

Blanca A mí las historias de miedo me dan hambre.

Alonso No te sientes ahí, esa es la piedra de Teobaldo.

Beatriz ¿Otro cuentecito?

Alonso Bueno, es una leyenda que se repite más o menos parecida en muchos sitios. Un hombre malo, que fue una fuente de desgracia desde que nació, que no temía nada y se comportaba como un demonio. Un día estaba a punto de matar a un fraile por puro aburrimiento, porque no había cazado nada, cuando le avisaron sobre un ciervo

Jesús No, un jabalí.

Alonso Salió a todo galope. Cuando su caballo no pudo más, cayó al suelo, él se dio un golpe en la cabeza y cuando despertó, un criado extraño le tenía preparado otro caballo. Montó, empezó a galopar, pero aquello era otra cosa. El caballo iba a una velocidad imposible. Y empezó a volar. Y empezó a oír las voces de los muertos, de sus padres, de sus criados, gritos espantosos. Y llegó a un lugar muy alto donde creyó oír la voz de Dios. Porque él había lanzado una maldición. Entonces cayó en picado hacia la tierra. Cuando despertó, estaba en el lugar de la primera caída. Creyó que había sido un sueño. Volvió al pueblo y cuando llegó descubrió que habían pasado cien años.

Blanca   Un clásico. Por lo menos lo de los cien años. Leí una historia parecida.

Alonso   Hay muchas leyendas que se parecen. En estos días se hace siempre el Don Juan Tenorio de Zorrilla.

Beatriz   No lo conozco.

Jesús   ¿Que no lo conoces?

Blanca   Es más o menos el mismo de Molière. Ya sabes, el comendador es una estatua de piedra y le da la mano para llevarlo al infierno. Pero el de Zorrilla se salva del infierno por la pureza de doña Inés. Cómo os gusta a los hombres esa historia.

Alonso   A mí, no mucho. A mí me interesa lo que pasa un momento antes: don Juan va al cementerio, Se abren las tumbas, se organiza un banquete en el que los platos son calaveras. Y don Juan ve pasar su propio entierro.

Beatriz   Esa pesadilla sí que la he tenido. Ir a un velatorio y ver que la muerta era yo. El don Juan que decís no lo conozco. Pero he leído el don Juan de Merimée. También ve su propio entierro. Pero ese tiene un final divertido. Una noche ve su entierro y después de esto se arrepiente y se mete a fraile. El hermano de dos mujeres que murieron por su culpa va al convento a matarlo y para provocarle a que luche le da un bofetón. Como no le habían dado un bofetón en su vida, se enfurece y mata a ese hombre. A partir de ese día, todas las mañanas recibe, como penitencia, una bofetada del cocinero del convento. Dicen que ese Don Juan existió y que está enterrado en una iglesia de Sevilla. En su tumba dice «Aquí yace el peor de los hombres».

Blanca   Aquí a Merimée lo conocen por Carmen. La Pardo Bazán era amiga suya. Ese libro no lo he leído.

Beatriz   Puede que no lo hayan publicado aquí. ¿Puedes leer en francés?

Blanca   Con paciencia y un diccionario.

Beatriz   Te lo mandaré.

Blanca   A mí me gusta más la leyenda original. El libertino ve su propio entierro y luego lo devoran los perros. Unos mastines. Jardín de flores curiosas, se llama el libro. Es de la época de Cervantes.

Jesús   (*A* **Beatriz**.) Es que Blanca ha estudiado en Madrid

Alonso　　En las ciudades no hay historias de fantasmas.

Blanca　　Claro que sí. En Madrid me contaron que en la iglesia de san Ginés pasea un hombre sin cabeza, y que el director de un museo que hay en Atocha mandó embalsamar a su hija muerta y la sentaba a la mesa para cenar. Y que en el Banco de Castilla, en la plaza del rey, encontraron una mujer emparedada, y su fantasma se puede ver en el tejado muchas noches. Y en otro palacio en la plaza de Cibeles también hay fantasmas. Ya ves, a docenas. Pero los que nos dan miedo de verdad a las mujeres no son los fantasmas ni los lobos. Son los otros lobos que viven en las ciudades. Casi da más miedo andar por la noche en Madrid que en el monte. Hombres con corazón de lobo. Esos que llamáis conquistadores, porque usan las mismas armas que en la guerra. El engaño, y si hace falta la violencia. Los tenorios, los mañaras, los montemar, todas esas historias tan bonitas de hombres que fuerzan a mujeres y luego tanto da si se mueren.

Beatriz　　Yo me acuerdo de otra leyenda, el Cristo de la Vega. El don Juan que promete matrimonio a una muchacha, la fuerza y se va a la guerra, y que cuando vuelve hace como que no la conoce. Ella lo denuncia y él dice que no hay testigos. Y ella responde que sí, que fue testigo el Cristo de la Vega:

Está el Cristo de la Vega
la cruz en tierra posada,

los pies alzados del suelo
poco menos de una vara;
hacia la severa imagen
un notario se adelanta,
de modo que con el rostro
al pecho santo llegaba.
A un lado tiene a Martínez;
a otro lado, a Inés de Vargas;
detrás, el gobernador
con sus jueces y sus guardias.
Después de leer dos veces
la acusación entablada,
el notario a Jesucristo
así demandó en voz alta:
«Jesús, Hijo de María,
ante nos esta mañana
citado como testigo
por boca de Inés de Vargas,
¿juráis ser cierto que un día
a vuestras divinas plantas
juró a Inés Diego Martínez
por su mujer desposarla?».
Asida a un brazo desnudo
una mano atarazada
vino a posar en los autos
la seca y hendida palma,
y allá en los aires «¡Sí juro!»,
clamó una voz más que humana.
Alzó la turba medrosa
la vista a la imagen santa...
Los labios tenía abiertos
y una mano desclavada.

Jesús Bueno, pues ya se nos ha hecho de noche, y con esta conversación sobre campos llenos de muertos y señores que ven su entierro se nos va a hacer muy ameno el camino hasta el refugio.

Alonso No es nada. Veinte minutos. Voy yo delante.

(*Suena un trueno lejano.*)

Blanca (*Mira hacia atrás con desconfianza.*) Vamos a tener una noche estupenda.

II

En el refugio. Casi a oscuras. Se oyen aullidos y el viento que golpea las ventanas. La noche es oscura. Hay unos quinqués y al fondo unas brasas de una chimenea que está pidiendo un par de troncos para no apagarse.

Blanca   ¿Habrá velas?

Jesús   En la mesa del cuarto, en el cajón, las he visto. Las traigo.

Blanca   No, es por saberlo. Estos quinqués no parece que les quede mucha vida.

Jesús   Así en la penumbra podemos contar cuentos. Era más de media noche, os lo sabéis.

Beatriz   ¿No era Alonso el que coleccionaba leyendas?

Jesús   Aquí, todo el mundo. (*El viento azota los cristales. Abre una ventana.*) Este refugio se cae de viejo. (*Mientras trata de cerrar la ventana.*) Está cayendo bien de agua.

Beatriz   ¿Quedan lobos?

Jesús   Sí.

Beatriz   Esos sí que me dan miedo.

Jesús   ¿Los muertos no?

Beatriz   Los muertos están muertos.

Blanca   ¿Dónde está Alonso?

Jesús   Ha ido a la leñera.

Blanca   ¿Con los lobos ahí fuera?

Jesús   Por como suenan, están arriba en el monte. No creo que bajen. Ahí arriba tienen comida de sobra y saben que no sube nadie a molestarlos. Estarán cenando tan ricamente. No van a bajar, no te preocupes.

Beatriz   No me preocupo.

Blanca   ¿Vais a querer algo más?

Beatriz   No guardes el vino.

Blanca   Tampoco es que hayáis dejado mucho.

(*Ruido de una puerta que se abre de golpe y trae el sonido de la lluvia y el viento. Una figura al trasluz. Es* **Alonso** *con la leña.*)

Jesús   Sí, señor. Una aparición espectacular.

Alonso Lo siento. Anda, ayúdame. No los eches todavía. Déjalos al lado. Pues ha quedado una noche estupenda para contar historias de miedo.

Blanca Algo habrá que hacer hasta que se haga de día. Cuenta la del Miserere. Es otra leyenda de aquí.

Alonso Esta dicen que es una historia verdadera.

Beatriz Empezamos bien.

Alonso A lo mejor la conoces. La historia del miserere de la montaña.

Jesús No.

Beatriz No me suena.

Alonso Está relacionada con lo que os conté de los templarios. Lo cuentan como algo que pasó cerca de aquí.

Beatriz Tenéis muchas leyendas.

Alonso Cuando vives cerca de un monte, es normal. En la ciudad no os acordáis ni de cuando llovió la última vez. Aquí las tormentas dan miedo. Mi madre se pone a rezar cuando viene el viento del norte. El ruido del viento en los árboles es una cosa seria.

Beatriz Ya ves, Blanca. Nos protege un caballero valeroso que no se asusta de casi nada.

Alonso   No hay que burlarse de lo que no se sabe.

Jesús   ¿Qué es un miserere?

Blanca   Es una canción de Semana Santa.

Alonso   Sí. Miserere significa misericordia. Es algo así
               como «Ten misericordia...

Blanca   Y limpia mis pecados.

Alonso   ...y limpia mis pecados». Por eso se relaciona
               con las almas en pena. Muertos que cantan a
               Dios para pedirle perdón.

Beatriz   A buenas horas.

Alonso   Por eso tiene que ser un canto muy especial.

Jesús   Entonces es una cosa que cantan los muertos.

Alonso   No. Bueno, aquí sí. Esa es la leyenda. Si me de-
               jáis que la cuente.

Beatriz   Está bien, ya nos callamos.

Alonso   Esta fue al principio la historia de un poeta.
               Encontró unos cuadernos viejos en una abadía
               cerca de aquí, en Fitero. En esos sitios tienen
               bibliotecas que dicen que son importantes. Pero
               hay más ratones que libros.

Jesús   Por cierto, espero que no os den miedo los ratones, porque aquí he visto un montón.

Blanca   ¿Dónde?

Jesús   Tranquila. Estando nosotros no creo que entren. Andarán por la leñera.

Blanca   Eres imbécil.

Beatriz   Anda, sigue. Los cuadernos.

Alonso   Pues lo que había en los cuadernos era un miserere. Una partitura. Pero era una partitura extraña. Estaban las notas, estaba la letra, eso de ten misericordia y limpia mis pecados. Pero en los márgenes habían escrito frases... (*Pausa.*) Vais a pensar que me lo invento.

Beatriz   Es que te lo estás inventando.

Alonso   No. Es lo que cuenta la historia. En los márgenes de la partitura habían escrito cosas como: crujen los huesos, y de sus médulas salen los alaridos, o esta otra: Las notas son huesos cubiertos de carne; lumbre inextinguible, los cielos y su armonía...; ¡fuerza!..., fuerza y dulzura. Parecían frases escritas por un loco.

Jesús   Qué bien cuenta este chico las historias.

Blanca   Calla.

Alonso   El poeta preguntó si alguien sabía qué era aquello. Los frailes no le quisieron decir nada. Pero había un viejo que subía desde el pueblo para hacerles los recados. El viejo esperó a quedarse solo con el poeta y le dijo que había una leyenda. El miserere de la montaña. Que tenía que ver con esa Abadía, mucho tiempo atrás. Una noche llegó un hombre. Una noche negra como esta.

Jesús   ¿Os habéis dado cuenta?

Beatriz   ¿Qué pasa?

Jesús   El silencio.

Blanca   Es verdad.

Beatriz   No se oye nada.

Blanca   Ay.

Beatriz   ¿Qué?

Blanca   Nada. Como algo frío.

Jesús   Es la corriente de la ventana.

Alonso   Está nevando. Por eso es el silencio.

Blanca   Da miedo.

(Cae algo al suelo, con estrépito, todos se sobre-saltan. **Alonso** *lo recoge. Es un piolé, o una linterna.)*

Beatriz   Hijo, qué tensión. Anda, sigue con la historia.

Alonso   Vale. A ver... El hombre, el peregrino o lo que fuera, pidió un poco de lumbre para secar sus ropas, un pedazo de pan y un albergue cualquiera donde esperar la mañana y seguir su camino. Mientras comía lo que pudieron darle, les contó que era músico, que venía de muy lejos. Que en su país fue célebre. Dijo con amargura la palabra. Célebre. Su música lo llevó a un éxito en el que parecía que todo estaba permitido. Cuando crees que tienes permiso para hacerlo todo, lo haces. Cometió un crimen, o eso les contó a los frailes. Su intención era convertir al bien las facultades que había empleado para el mal, decía: que aquello que lo había llevado al crimen lo llevase ahora al perdón. Buscaba el perdón en la propia música. Un día se fijaron sus ojos sobre un libro santo, un gigantesco grito de contrición verdadera, un salmo de David, el que comienza «Miserere mei, Deus».

Blanca   «Ten misericordia y limpia mis pecados».

Alonso   «Ten misericordia y limpia mis pecados». Desde el instante en que leyó las estrofas del salmo, su único pensamiento fue encontrar una forma musical tan magnífica para contener el himno de dolor del Rey David. Esa era su ambición: hacer un Miserere tan maravilloso, tan desgarrador, que al escuchar el primer acorde los arcángeles dijeran, dirigiéndose a Dios: ¡Misericordia!, y Dios tuviera misericordia de su pobre criatura. Fue entonces cuando uno de los pastores que lo escuchaban le dijo «¿No ha oído el Miserere de la Montaña?» ¿Qué Miserere es ése? «Ese Miserere –le dijo el pastor– que sólo oyen por casualidad los que como yo andan día y noche tras el ganado por entre breñas y peñascales. Es una historia muy antigua, pero tan verdadera como al parecer increíble».

Blanca   Ya van tres: una historia dentro de una historia dentro de una historia.

Alonso   Así son las leyendas. Es el caso que en esa montaña…

Blanca   ¿Esto también pasó en el monte de las ánimas? Ya es mucho.

Alonso   No, en esta no, en las que están al norte, que son mucho más altas que esta…

Jesús   Son las montañas que dijiste, pero es que esas no las visita nadie porque no hay caminos, es puro bosque. Entras y es como meterse en una telaraña. Van las ramas de un árbol a otro, no se sabe dónde se pisa... Cualquiera diría que no ha entrado nadie desde hace siglos.

Alonso   Al bajar ese monte por el lado del norte, en el fondo del valle está la abadía. Eso cuentan, porque hace muchos siglos, hubo cerca de allí un monasterio famoso. Hace tanto tiempo que la gente no sabe decir dónde está, que nadie lo ha visto...

Beatriz   Vamos, que a lo mejor no existe.

Alonso   Mucha gente querría que no existiera porque ha sido como una peste para ese valle. Los pueblos se vaciaron, dicen que porque a veces oían el miserere. Lo que dice la leyenda es que el monasterio lo edificó un señor con los bienes que había de legar a su hijo, al cual desheredó al morir en pena de sus maldades. Este hijo que debió de ser de la piel del diablo, si no era el mismo diablo en persona...

Beatriz   Como Teobaldo. Tus leyendas se parecen.

Alonso   Pues algo habrá de verdad. O que queremos creer que los malos tienen castigo.

Beatriz   Venga, el hijo...

Alonso   EL hijo, sabiendo que sus bienes estaban en poder de los religiosos y que su castillo se había transformado en iglesia, reunió a unos cuantos bandoleros y una noche de difuntos, como esta, en que los monjes se hallaban en el coro, y en el momento en que iban a comenzar el Miserere, pusieron fuego al monasterio y no dejaron fraile con vida. Aquella matanza quedó en la memoria de las gentes de estos pueblos. La historia de aquel crimen horrible se siguió contando de padres a hijos y de hijos a nietos. Se contaba con horror en las noches de velada, que aquí son muy largas en invierno; pero lo que mantiene más viva su memoria es que todos los años, la misma noche en que sucedió aquello, se ven luces a través de las ventanas de la iglesia; se oye como una especie de música extraña y unos cantos aterradores en las ráfagas del aire.

(*Hay un estremecimiento. Se ha enfriado la sala. Los espectadores lo notan.*)

Blanca   Hace frío.

Jesús   Sí. Cuando se enfría una habitación dicen que es porque ha entrado un fantasma.

Beatriz   Venga, Jesús... (*Silencio.*) No digas idioteces. Se habrá abierto la ventana.

Jesús   Sí, eso también baja la temperatura. Voy a ver como la atranco. No, pues estas están bien cerradas. Será en la habitación. Voy a ver.

(**Jesús** *sale. Se oye música.*)

Blanca   ¿Y esa música?

Alonso   Vendrá del pueblo.

Beatriz   (*Bromea.*) Serán los monjes.

Blanca   Calla. Es la noche. La música del miserere. Son los monjes que vienen del purgatorio a pedir misericordia cantando el Miserere.

(*Hay un silencio.*)

Beatriz   Pero a ti qué te pasa.

Blanca   Que estamos aquí riéndonos de las leyendas y las leyendas son por algo. La gente no se inventa las cosas. Algo pasaría. Eso del miserere lo contaba la abuela. No podíamos salir de noche. En verano sí, pero cuando veníamos para los santos no nos dejaba salir de noche porque decía que bajaban los monjes al pueblo.

Beatriz   O para que no cogierais frío, que es noviembre. Anda, Alonso, termina la historia.

Alonso   Los monjes, muertos sin hallarse preparados para presentarse en el tribunal de Dios. Muertos sin confesión. Arrastrando sus culpas cada noche de cada siglo. Eso le dijo el pastor al viejo músico. «Precisamente esta es la noche, y acaban de dar las ocho en el reloj de la abadía». El músico se encaminó hacia las ruinas de aquella iglesia, para poder oír el el verdadero Miserere, el Miserere de los que vuelven al mundo después de muertos y saben lo que es morir en el pecado. Tenía que estar allí cuando llegase la media noche.

Beatriz   Por cierto que ya casi es medianoche. (*Saca un pequeño reloj de bolsillo.*) Sí, ya está. Medianoche. Pues no ha pasado nada.

(*De pronto, un trueno que hace retumbar la sala. Aparece* **Jesús**.)

Jesús   Estaba la ventana de arriba de par en par. La tormenta la tenemos encima. Qué poco ha durado la nieve. Anda, sigue con la historia.

Alonso   A ver... El músico remontó la corriente del riachuelo que le indicó el pastor. Después de dos horas de camino, llegó al punto en que se levantaban, negras e imponentes, las ruinas del monasterio. El aire, al pasar por los claustros desiertos, parecía que exhalaba gemidos. Sin embargo, nada sobrenatural, nada extraño venía a herir la imaginación. Aquel hombre había dormido más de una noche sin otro amparo que las ruinas de una torre abandonada; en su peregrinación había arrostrado cien tormentas. Todos aquellos ruidos le eran familiares.

(*Se oye el ruido del viento que se filtra por alguna ventana. Se oye una gota de agua que cae acompasadamente en algún lugar. Los cuatro amigos han quedado en silencio, puesto que* **Alonso** *ha hecho una pausa para beber.*)

Jesús   Hay que ver el ambiente que da una gotera.

Beatriz   Como siga lloviendo van a salir cien.

Jesús   En el cuarto de arriba entra mucha agua. He puesto el balde que había en la puerta, habrá que subir a vaciarlo cada rato. Nos toca dormir aquí abajo.

Blanca   Poco vamos a dormir.

Jesús   Parece que ya amaina. Mira. Se ve la luna.

Beatriz   Solo falta que hiele esta noche.

Alonso   Puede ser.

(*Se oyen los gritos de un búho.*)

Blanca   Bueno, y qué pasó...

Alonso   El hombre había llegado a aquella ruina y todo era silencio, o casi. Los gritos de un búho que voló por encima de la cabeza del hombre y se refugió bajo el nimbo de piedra de una imagen, de pie aún en el hueco de un muro. Silencio. El ulular del búho. El ruido de los reptiles, que habían despertado de su letargo por la tempestad. Las serpientes sacaban sus cabezas de los agujeros y se arrastraban por entre los jaramagos y los zarzales que crecían entre las junturas de las lápidas que formaban el pavimento de la iglesia; todos esos extraños y misteriosos murmullos del campo, de la soledad y de la noche llegaban al oído del hombre, que aguardaba la hora del prodigio. Pasó tiempo y tiempo y nada se percibió. El músico pensó que aquel pastor le había engañado, que se estaría riendo de él. Pero en aquel instante se oyó un ruido nuevo, un ruido inexplicable en aquel lugar: como el que produce un reloj algunos segundos antes de sonar la hora; ruido de ruedas que giran, de cuerdas que se dilatan, de maquinaria que se agita sordamente, y sonó una campanada..., dos..., tres..., hasta once. En el derruido templo no había campana, ni reloj, ni torre siquiera.

Blanca   Vale. Vale. Ahora no me vais a decir que no las habéis oído.

Beatriz   Qué.

Blanca   Las campanas.

Beatriz   Blanca...

Alonso   Ya te dije que están muy lejos. Bueno, no sé. Igual por la noche se oyen más.

Beatriz   Yo no he oído nada.

Blanca   Pues yo… venga. Lo habéis hecho vosotros.

Jesús   Sí, suelo llevar una campana en el morral para ocasiones como esta.

Blanca   Bueno. Anda, termina la historia.

Alonso   Aún no había dejado de sonar la última campanada; todavía se escuchaba su vibración temblando en el aire, cuando los doseles de granito que cobijaban las esculturas, las gradas de mármol de los altares, los sillares, el coro, las bóvedas, la iglesia entera comenzó a iluminarse, sin que se viese una antorcha o una lámpara que derramase aquella claridad. Parecía como un esqueleto de cuyos huesos se desprende ese gas fosfórico que brilla y humea en la oscuridad como una luz azulada. Las piedras se unieron a otras piedras; se levantaron las capillas derribadas, los capiteles y las series de arcos destrozadas e inmensas hacía un instante, cruzándose y enlazándose, formaron con sus columnas un laberinto. Una vez reedificado el templo, comenzó a oírse un acorde lejano que pudiera confundirse con el zumbido del aire, pero que era un conjunto de voces lejanas y graves que parecía salir del seno de la tierra e irse elevando poco a poco... (*Aunque ellos no parecen oírla, los espectadores sí oirán esa nota tenida de un coro de bajos.*) El músico comenzaba a tener miedo; pero con su miedo luchaba aún su deseo de conocer. Dejó la tumba sobre que reposaba, se inclinó al borde del abismo por entre cuyas rocas saltaba el torrente, y sus cabellos se erizaron de horror. (*Aunque ellos no parecen verlas, las sombras de los monjes aparecen en la pared.*) Mal envueltos en los jirones de sus hábitos, caladas las capuchas. Bajo los pliegues de esas capuchas, contrastaban con sus descarnadas mandíbulas y los blancos dientes las obscuras cavidades de los ojos de

43

sus calaveras. El hombre vio los esqueletos de los monjes, que fueron arrojados desde el pretil de la iglesia a aquel precipicio. El hombre vio cómo salían del fondo de las aguas, cómo se agarraban con los largos dedos de sus manos de hueso a las grietas de las peñas, cómo trepaban por ellas hasta tocar el borde, diciendo con voz baja y sepulcral, pero con una desgarradora expresión de dolor, el primer versículo del salmo de David: «Miserere mei, Deus, secundum magnam misericordiam tuam!»

(*Mientras, sigue sonando la música.*)

Blanca   La música sonaba al compás de sus voces; aquella música era el rumor distante del trueno, que, desvanecida la tempestad, se alejaba murmurando; era el zumbido del aire que gemía en la concavidad del monte; era el monótono ruido de la cascada, que caía sobre las rocas, y la gota de agua que se filtraba y el roce de los reptiles inquietos. Todo esto era la música y algo más que no puede explicarse ni apenas concebirse; algo más que parecía como el eco de un órgano que acompañaba los versículos del gigante himno de contrición, con notas y acordes tan gigantes como sus palabras terribles.

Alonso   «Miserere mei, Deus»... Al resonar este versículo y dilatarse sus ecos retumbando de bóveda en bóveda, se levantó un alarido tremendo. Un alarido que parecía un grito de dolor arrancado a la Humanidad entera por la conciencia de sus maldades; un grito horroroso, formado de todos los lamentos del infortunio, de todos los aullidos de la desesperación, de todas las blasfemias de la impiedad.

(*Suena, lejos un alarido terrible.*)

Beatriz   Qué ha sido eso.

Alonso   Qué.

Blanca   Bueno, vale. Perdón. Que me estoy agobiando. No sé qué gracia le veis a esto de las historias de miedo.

Jesús   Qué te pasa.

Blanca   Que no me gustan las historias de miedo. Que no tenía que haber venido, ya está.

Jesús   Va, lo dejamos y ya está. Si era por pasar el rato.

Blanca   Pues podíamos haber jugado a las cartas.

Beatriz   Anda, deja que nos cuente cómo termina. Aunque yo no sé si se lo está inventando.

Alonso   No invento nada.

Beatriz   Entonces te lo sabes muy bien.

Blanca   (*Con un fondo de fastidio.*) Venga, Alonso. Termina, que a Beatriz le está gustando.

Alonso   Termino. Prosiguió el canto, por momentos tris-
tísimo y profundo, o semejante a un rayo de sol
que rompe la nube de una tormenta, pasando
de un relámpago de terror a otro relámpago
de alegría, hasta que la iglesia se vio bañada en
luz celeste; los huesos de los monjes se vistie-
ron de sus carnes; se rompió la cúpula y a través de ella se vio el cielo como un océano de
lumbre abierto a la mirada de los justos. Los
ángeles acompañaban con un himno de gloria
este versículo: gozo y alegría para los huesos
humillados. En este punto la claridad deslum-
bradora cegó los ojos del hombre; sus sienes la-
tieron con violencia, zumbaron sus oídos y cayó
sin conocimiento.

Beatriz   ¿Ya está?

Alonso   Al día siguiente los monjes de la abadía de Fi-
tero, vieron entrar por sus puertas al músico,
pálido y como fuera de sí. «¿Oísteis el Miserere?», le preguntó con ironía el lego. «Sí. Lo voy
a escribir. Dadme un asilo en vuestra casa, un
asilo y pan por algunos meses, y voy a dejaros
un Miserere que borre mis culpas a los ojos de
Dios y eternice la memoria de esta abadía». Ac-
cedió el abad, por compasión, aun creyéndole
un loco, y el músico comenzó su obra. Escribió uno, dos, cien, doscientos borradores; todo
inútil. Su música no se parecía a aquella música,
y la fiebre se apoderó de su cabeza, y se volvió
loco, y se murió, en fin, sin poder terminar el Miserere, que, como una cosa extraña, guardaron los

frailes a su muerte. Aún se conserva hoy en el archivo de la abadía.

Beatriz ¿Y se acaba así?

Alonso Ya está. Bueno, que cada año, en esta noche, se oye cantar a los monjes el Miserere de la montaña. Ahora, si te atreves, te explico el camino y vas a la Abadía mañana por la noche...

Beatriz No sé, yo pensaba que iba a volver y quedarse con los muertos para siempre, o algo así...

Jesús (*A* **Blanca**.) Y yo que pensaba que a ti te gustaban las historias de miedo...

Blanca A ver, que sí me gustan, como a cualquiera del pueblo. Nos hemos criado con ellas. Pero es que no sé qué me ha pasado, que me parecía que sonaba la música...

Jesús La gente se cree que en el monte por la noche hay silencio. Hay quien ha pasado la noche en el bosque y ha vuelto con el pelo blanco. El ruido de las hojas con el aire, el crujir de las ramas, los animales, que salen a cazar de noche, las serpientes... El bosque pone la música y nosotros ponemos el miedo. El que llevamos dentro. Es fácil ver un fantasma en el bosque. Un rayo de luna que se mete entre las hojas y hace una sombra rara en un árbol y tú ves a tu padre muerto. Porque no entendemos la muerte y nos imaginamos que los muertos andan por ahí.

Beatriz	Qué serio te pones, Jesús.
Blanca	Eso es lo que nos da miedo: la no muerte. Por eso decimos aquello de descanse en paz. Que duerma sin soñar. ¿Y si cuando mueres entras dentro de una pesadilla y ya no puedes salir, en una de esas pesadillas tan horribles que te despiertas gritando? De esas que tu cerebro te protege del horror y no recuerdas nada. Esas pesadillas, todos lo hemos pensado, son como volver de la muerte. ¿Y si no morimos del todo y nos pasamos siglos dentro de una pesadilla, gritando de miedo?
Beatriz	Yo me voy a dormir.
	(**Beatriz** *se aleja de los otros, prepara su saco.*)
Alonso	Perdonad, voy a hablar un momento...
Jesús	Estos dos no tienen pinta de animarse a contar historias.
Blanca	Pues empieza tú.
Jesús	Vale. Apaga esa lámpara. (**Jesús** *juega a las sombras con su linterna y recita en voz baja.*)

Era más de media noche,
antiguas historias cuentan,
cuando en sueño y en silencio
lóbrego envuelta la tierra,
los vivos muertos parecen,
los muertos la tumba dejan.

Era la hora en que acaso
temerosas voces suenan
informes, en que se escuchan
tácitas pisadas huecas,
y pavorosas fantasmas
entre las densas tinieblas
vagan, y aúllan los perros
amedrentados al verlas:
En que tal vez la campana
de alguna arruinada iglesia
da misteriosos sonidos
de maldición y anatema,
que los sábados convoca
a las brujas a su fiesta.

(**Alonso** *se ha acercado a* **Beatriz**.)

Alonso   Prima, pronto vamos a separarnos, tal vez para siempre... Ya sé que todo esto te ha gustado más bien poco.

Beatriz   No, sí que me ha gustado. Y todo el mundo se ha portado de maravilla. Lo que pasa es que es muy diferente. Y echo de menos a mis amigos.

Alonso   Claro. Es natural. Por lo menos, el monte te ha dado el aire que te faltaba. Esto sí se puede decir de estos lugares.

Beatriz   Sí. Estoy fuerte como un roble. Y estas caminatas me han sentado de maravilla. No sé cómo se pueden inventar historias de miedo con estos paisajes tan preciosos.

Alonso   Me gustaría que te llevases algo mío. Para que no me recordases solo como aquel pariente un poco siniestro que te contó historias de miedo.

Beatriz   Qué tonto.

Alonso   Sé que te fijaste en esto el día de la fiesta, en la ceremonia del Ayuntamiento. (*Le ofrece un broche.*) Se lo hicieron a mi abuelo con piedras que le trajeron de África.

Beatriz   Es precioso. ¿De verdad me lo das? Es una joya...

Alonso   Si lo llevas tú, se queda en la familia.

Beatriz   No sé, Alonso. Me parece demasiado.

Alonso   No es demasiado si entiendes lo que significa para mí. De todas formas, hoy se celebran Todos los Santos, y el tuyo entre todos, ¿Quieres aceptarlo como un regalo por tu santo?

(**Beatriz** *se muerde ligeramente los labios y extiende la mano para tomar la joya, sin añadir una palabra. Los dos jóvenes quedan en silencio. Ella no separa los ojos de la joya. Él no deja de mirarla a ella.* **Jesús** *sigue con su relato.*)

Jesús   ...las campanas sacudidas
misteriosos dobles dan;
mientras en danzas grotescas
y al estruendo funeral

en derredor cien espectros
danzan con torpe compás:
los espectros le saludan,
y en cien lenguas de metal,
oye su nombre en los ecos
de las campanas sonar.

Alonso   Hasta que amanezca sigue siendo Todos los Santos. Igual que te he dado ese recuerdo por tu santo, ¿no me dejarías un recuerdo tuyo para celebrar mi santo? Un regalo por mi santo no significa nada.

(*En la mirada de* **Beatriz** *brilla un pensamiento diabólico.*)

Beatriz   ¿Por qué no? (*Se lleva la mano al hombro derecho como para buscar alguna cosa. Después, con una infantil expresión de sentimiento.*) ¿Te acuerdas del fular que llevaba? Uno azul...

Alonso   Sí, claro.

Beatriz   Pues... ¡se me ha perdido! Se me ha perdido, y pensaba dejártelo como recuerdo.

Alonso   ¡Se te ha perdido! ¿Y dónde?

Beatriz   No sé...; en el monte. Seguramente cuando paramos y me senté en la piedra esa**.**

Alonso   En el Monte de las Ánimas.

Beatriz   Bueno, no me vas a decir que tienes miedo de todos esos cuentecitos.

(*El gesto de* **Alonso** *ha cambiado. Se ha endurecido. Mira alrededor, como si calculase una acción inmediata.*)

Alonso   Nadie puede decir que me haya visto nunca tener miedo. No es miedo.

Beatriz   ¿Entonces?

Alonso   Hemos oído doblar las campanas. Ha tronado siete veces. Las ánimas del monte comenzarán ahora a levantar sus cráneos de entre las malezas que cubren sus fosas...

(*Mientras* **Alonso** *habla, una sonrisa imperceptible se dibuja en los labios de* **Beatriz**, *que responde con un tono indiferente.*)

Beatriz   Eso de ningún modo. ¡Qué locura! ¡Ir ahora al monte por semejante friolera! ¡Una noche tan oscura, noche de Difuntos, y cuajado el camino de lobos!

(**Alonso** *ya no habla como un enamorado. Da órdenes.*)

Alonso   No lo entiendes. Tengo que ir. Será mejor que te acuestes.

(*El tono de él ya no es el de un enamorado. Ella toma la actitud de* **Alonso** *como un gesto de despecho y sigue hablando con ese tono de falsa inocencia.*)

Beatriz   No, es igual. Mañana cuando lleguemos al pueblo te doy otro fular de los que he traído.

(**Alonso** *ya se ha puesto en pie y se está abrigando, preparándose para salir.* **Blanca** *ve los preparativos y se acerca a* **Alonso**.)

Blanca   ¿Qué haces?

Alonso   Tengo que subir.

Blanca   ¿Estás loco?

Alonso   Se dejó un fular sobre la piedra. Sabrán que estamos aquí. Tengo que recuperarlo para que no bajen los lobos muertos.

Blanca   Alonso. Espera. No sabes lo que te vas a encontrar. Yo sí los he visto. No te van a matar. Vas a morir de miedo.

Alonso   A lo mejor no.

(*Saca una pistola de su abrigo.*)

Blanca   Esto no sirve para nada.

Alonso   No es para ellos.

(*Mira a* **Jesús** *y a* **Beatriz**. *Silencio. Se abrazan y* **Alonso** *sale rápidamente.* **Jesús** *y* **Beatriz** *duermen en sus sacos.* **Jesús**, *plácidamente;* **Beatriz**, *cuando empiece a sonar la música, dará muestras de un sueño agitado.* **Blanca** *se ha sentado en una silla medio desvencijada que había en el refugio. Mira hacia el lugar por donde se ha ido* **Alonso**. *Suena, lejos, una campana. El aire que se cuela por las ventanas parece un susurro.* **Beatriz** *despierta sobresaltada.*)

Beatriz   ¿Qué? ¿Qué pasa?

Blanca   Nada, duerme.

Beatriz   Me habéis llamado.

Blanca   Estabas soñando.

Beatriz   Pues te juro que ha sido como si alguien dijera mi nombre.

Blanca   No. Anda, duerme.

Beatriz   ¿No ha vuelto Alonso?

Blanca   No. Está lloviendo mucho. Se habrá metido en una cueva a esperar a que escampe.

Beatriz   Pobrecito. Salir con esta lluvia.

Blanca   Anda, duérmete.

(El viento gime en los vidrios de la ventana. Las puertas crujen sobre sus goznes, con un chirrido agudo prolongado y estridente. Primero unas y luego las otras más cercanas, todas las puertas que daban paso a la estancia van sonando por su orden; estas con un ruido sordo y suave; aquellas con un lamento largo. Después, silencio; un silencio lleno de rumores extraños, el silencio de la media noche, con un murmullo monótono de agua distante; ecos de pasos que van y vienen, crujir de ropas que se arrastran, suspiros que se ahogan, respiraciones fatigosas que casi no se sienten, estremecimientos involuntarios que anuncian la presencia de algo que no se ve y cuya aproximación se nota, no obstante, en la oscuridad. **Beatriz** *cierra los ojos e intenta dormir...; pero pronto vuelve a incorporarse, más pálida, más inquieta, más aterrada.* **Blanca** *no reacciona. Duerme, o hace que duerme porque no quiere hablar con* **Beatriz**. *Ella oye o cree que oye unas pisadas. El rumor de aquellas pisadas es sordo, casi imperceptible.* **Beatriz**, *arrebujándose en la ropa que la cubre, esconde la cabeza y contiene el aliento. Por fin, se duerme. Comienza a sonar, lejana, la música del Miserere. Poco a poco, la escena va quedando en penumbra, al tiempo que la tensión puede con* **Blanca** *y le vence el sueño. Entra en escena, en esa penumbra, una figura, la silueta de un monje. Deja caer el fular cerca de* **Beatriz**. *Tal vez un relámpago ilumina la estancia y nos deja ver qué cubre la capucha del monje, que tras este instante sale. Silencio. Comienza a iluminar la estancia la luz del día, que llega primero a* **Jesús**. *Se despereza.)*

Jesús Mirad qué sol. Parece que toda esa tormenta de anoche la hubiéramos soñado.

(**Jesús** *deja que la luz del sol bañe su cara. Sale del refugio.* **Blanca** *se pone en pie. Mira hacia fuera. Esconde su preocupación.* **Beatriz** *despierta. Mira alrededor.*)

Beatriz ¡Qué buen día! ¿Y Alonso? (*Se incorpora, va recogiendo sus cosas, vistiéndose. Está alegre. No se ha percatado de que* **Blanca** *ni siquiera ha contestado.*) ¿Te quieres creer que me he pasado la noche soñando? Al final, todos esos cuentos de ayer... No soñaba tantas cosas desde que era pequeña. Qué luz estupenda. (*Entra* **Jesús**, *transformado, en shock.* **Blanca** *lo abraza, sin decir nada.*) Ah, mira, Alonso ha vuelto. Encontró mi chal.

(**Beatriz** *recoge el chal del suelo. Está destrozado ensangrentado, tan empapado que gotea sangre.* **Beatriz**, *espantada, lo toca, se mancha las manos, la cara. Tal vez grita y ese grito queda tapado por un trueno ensordecedor.* **Beatriz** *se abraza al fular ensangrentado, espantada.* **Jesús** *sigue abrazado a* **Blanca**, *que mira con dureza a la luz del sol que baña sus lágrimas.*)

Oscuro.

EL MONTE DE LAS ÁNIMAS

**Gustavo Adolfo Bécquer
(1836 - 1870)**

Poeta y narrador español del Posromanticismo. Aunque en vida ya alcanzó cierta fama, solo después de su muerte y tras la publicación del conjunto de sus escritos obtuvo el prestigio que hoy tiene.

Sus *Rimas y Leyendas,* un conjunto de poemas y relatos reunidos, constituyen uno de los libros más populares de la literatura hispana.

En la prosa becqueriana los referentes sorianos los encontramos en varias de sus «Leyendas», dos de ellas ubicadas en la capital y junto al Duero, *El monte de las Ánimas* y *El rayo de luna,* y otras localizadas en el Campo de Gómara-Almenar y en torno al Moncayo, *La Corza Blanca, Los ojos verdes, La Promesa, El gnomo.* Las dos leyendas becquerianas de la ciudad tienen como marco geográfico la ribera del Duero comprendida entre el monasterio hospitalario de San Juan de Duero y la ermita de San Saturio, con el de San Polo en medio, así como algunas calles y edificios urbanos. La temática templaria de la primera de las leyendas citadas es recreada en Soria con el Festival de las Ánimas durante la Noche de Difuntos.

Estilísticamente Bécquer representa el tono íntimo del romanticismo español, destacando en su temática la creación poética, el amor y la muerte.

EL MONTE DE LAS ÁNIMAS

A noche de difuntos me despertó á no sé qué hora el doble de las campanas; su tañido monótono y eterno me trajo á las mientes esta tradición que oí hace poco en Soria.

Intenté dormir de nuevo; ¡imposible! Una vez aguijoneada la imaginación, es un caballo que se desboca y al que no sirve tirarle de la rienda. Por pasar el rato me decidí á escribirla, como en efecto lo hice.

Yo la oí en el mismo lugar en que acaeció, y la he escrito volviendo algunas veces la cabeza con miedo cuando sentía crujir los cristales de mi balcón, estremecidos por el aire frío de la noche.

Sea de ello lo que quiera, *ahí va*, como el caballo de copas.

La noche de difuntos me despertó á no sé qué hora el doble de las campanas; su tañido monótono y eterno me trajo á las mientes esta tradición que oí hace poco en Soria.

Intenté dormir de nuevo; ¡imposible! Una vez aguijoneada la imaginación, es un caballo que se desboca y al que no sirve tirarle de la rienda. Por pasar el rato me decidí á escribirla, como en efecto lo hice.

Yo la oí en el mismo lugar en que acaeció, y la he escrito volviendo algunas veces la cabeza con miedo cuando sentía crujir los cristales de mi balcón, estremecidos por el aire frío de la noche.

Sea de ello lo que quiera, ahí va, como el caballo de copas.

I

—Atad los perros; haced la señal con las trompas para que se reúnan los cazadores, y demos la vuelta á la ciudad. La noche se acerca, es día de Todos los Santos y estamos en el monte de las Animas.

—¡Tan pronto!

—A ser otro el día, no dejara yo de concluir con ese rebaño de lobos que las nieves del Moncayo han arrojado de sus madrigueras; pero hoy es imposible. Dentro de poco sonará la oración en los Templarios, y las ánimas de los difuntos comenzarán á tañer su campana en la capilla del monte.

—¡En esa capilla ruinosa! ¡Bah! ¿Quieres asustarme?

No, hermosa prima; tú ignoras cuanto sucede en este país, porque aún no hace un año que has venido á él desde muy lejos. Refrena tu yegua, yo también pondré la mía al paso, y mientras dure el camino te contaré esa historia.

Los pajes se reunieron en alegres y bulliciosos grupos: los condes de Bórges y de Alcudiel montaron en sus magníficos caballos, y todos juntos siguieron á sus hijos Beatriz y Alonso, que precedían la comitiva á bastante distancia.

Mientras duraba el camino, Alonso narró en estos términos la prometida historia:

—Ese monte que hoy llaman de las Ánimas, pertenecía á los Templarios, cuyo convento ves allí á la margen del río. Los Templarios eran guerreros y religiosos á la vez.

Conquistada Soria á los árabes, el rey los hizo venir de lejanas tierras para defender la ciudad por la parte del puente, haciendo en ello notable agravio á sus nobles de Castilla, que así hubieran solos sabido defenderla como solos la conquistaron.

Entre los caballeros de la nueva y poderosa Orden y los hidalgos de la ciudad fermentó por algunos años, y estalló al fin, un odio profundo. Los primeros tenían acotado ese monte, donde reservaban caza abundante para satisfacer sus necesidades y contribuir á sus placeres; los segundos determinaron organizar una gran batida en el coto, á pesar de las severas prohibiciones de los clérigos con espuelas, como llamaban á sus enemigos.

Cundió la voz del reto, y nada fué parte á detener á los unos en su manía de cazar y á los otros en su empeño de estorbarlo. La proyectada expedición se llevó á cabo. No se acordaron de ella las fieras;

antes la tendrían presente tantas madres como arrastraron sendos lutos por sus hijos. Aquello no fué una cacería, fué una batalla espantosa: el monte quedó sembrado de cadáveres, los lobos á quienes se quiso exterminar tuvieron un sangriento festín. Por último, intervino la autoridad del rey: el monte, maldita ocasión de tantas desgracias, se declaró abandonado, y la capilla de los religiosos, situada en el mismo monte y en cuyo atrio se enterraron juntos amigos y enemigos, comenzó á arruinarse.

Desde entonces dicen que cuando llega la noche de difuntos, se oye doblar sola la campana de la capilla, y que las ánimas de los muertos, envueltas en girones de sus sudarios, corren como en una cacería fantástica por entre las breñas y los zarzales. Los ciervos braman espantados, los lobos aúllan, las culebras dan horrorosos silbidos, y al otro día se han visto impresas en la nieve las huellas de los descarnados pies de los esqueletos.

Por eso en Soria le llamamos el Monte de las Animas, y por eso he querido salir de él antes que cierre la noche.

La relación de Alonso concluyó justamente cuando los dos jóvenes llegaban al extremo del puente que da paso á la ciudad por aquel lado. Allí esperaron el resto de la comitiva, la cual, después de incorporárseles los dos jinetes, se perdió por entre las estrechas y oscuras calles de Soria.

II

Los servidores acababan de levantar los mante-
les; la alta chimenea gótica del palacio de los
condes de Alcudiel despedía un vivo resplandor
iluminando algunos grupos de damas y caballeros que alrededor de la lumbre conversaban
familiarmente, y el viento azotaba los emplo-
mados vidrios de las ojivas del salón.

Solas dos personas parecían ajenas á la conversación general: Beatriz y Alonso. Beatriz seguía
con los ojos, absorta en un vago pensamiento,
los caprichos de la llama. Alonso miraba el re-
flejo de la hoguera chispear en las azules pupi-
las de Beatriz.

Ambos guardaban hacía rato un profundo silencio.

Las dueñas referían, á propósito de la noche de
difuntos, cuentos temerosos, en que los espectros
y los aparecidos representaban el principal papel,
y las campanas de las iglesias de Soria doblaban
á lo lejos con un tañido monótono y triste.

—Hermosa prima —exclamó al fin Alonso
rompiendo el largo silencio en que se encon-
traban— pronto vamos á separamos, tal vez

para siempre; las áridas llanuras de Castilla, sus costumbres toscas y guerreras, sus hábitos sencillos y patriarcales sé que no te gustan; te he oído suspirar varias veces, acaso por algún galán de tu lejano señorío.

Beatriz hizo un gesto de fría indiferencia; todo un carácter de mujer se reveló en aquella desdeñosa contracción de sus delgados labios.

—Tal vez por la pompa de la corte francesa, donde hasta aquí has vivido —se apresuró á añadir el joven.— De un modo ó de otro, presiento que no tardaré en perderte... al separarnos, quisiera que llevases una memoria mía... ¿Te acuerdas cuando fuimos al templo á dar gracias á Dios por haberte devuelto la salud que viniste á buscar á esta tierra? El joyel que sujetaba la pluma de mi gorra cautivó tu atención. ¡Qué hermoso estaría sujetando un velo sobre tu oscura cabellera! Ya ha prendido el de una desposada; mi padre se lo regaló á la que me dio el ser, y ella lo llevó al altar... ¿Lo quieres?

—No sé en el tuyo —contestó la hermosa— pero en mi país una prenda recibida compromete una voluntad. Sólo en un día de ceremonia debe aceptarse un presente de manos de un deudo... que aún puede ir á Roma sin volver con las manos vacías. El acento helado con que Beatriz pronunció estas palabras turbó un momento al joven, que después de serenarse dijo con tristeza:

—Lo sé, prima: pero hoy se celebran Todos los Santos, y el tuyo entre todos; hoy es día de ceremonias y presentes. ¿Quieres aceptar el mío?

Beatriz se mordió ligeramente los labios, y extendió la mano para tomar la joya, sin añadir una palabra.

Los dos jóvenes volvieron á quedarse en silencio, y volvióse á oir la cascada voz de las viejas que hablaban de brujas y de trasgos, y el zumbido del aire que hacía crujir los vidrios de las ojivas, y el triste y monótono doblar de las campanas.

Al cabo de algunos minutos, el interrumpido diálogo tornó á anudarse de este modo:

—Y antes que concluya el día de Todos los Santos, en que así como el tuyo se celebra el mío, y puedes, sin atar tu voluntad, dejarme un recuerdo, ¿no lo harás?

Dijo él clavando una mirada en la de su prima, que brilló como un relámpago, iluminada por un pensamiento diabólico.

—¿ Por qué no? —exclamó ésta llevándose la mano al hombro derecho como para buscar alguna cosa entre los pliegues de su ancha manga de terciopelo bordado de oro... Después, con una infantil expresión de sentimiento, añadió— ¿Te acuerdas de la banda azul que llevé hoy á la cacería, y que por no sé qué emblema de su color me dijiste que era la divisa de tu alma?

—Sí.

—Pues... ¡se ha perdido! Se ha perdido y pensaba dejártela como un recuerdo.

—¡Se ha perdido! ¿y dónde? —preguntó Alonso incorporándose de su asiento, y con una indescriptible expresión de temor y esperanza.

—No sé... en el monte acaso.

—¡En el Monte de las Animas! —murmuró palideciendo y dejándose caer sobre el sitial.— ¡En el Monte de las Animas!

Luego prosiguió con voz entrecortada y sorda.

—Tú lo sabes, porque lo habrás oído mil veces; en la ciudad, en toda Castilla, me llaman el rey de los cazadores. No habiendo aún podido probar mis fuerzas en los combates, como mis ascendientes, he llevado á esa diversión, imagen de la guerra, todos los bríos de mi juventud, todo el ardor hereditario en mi raza. La alfombra que pisan tus pies son despojos de fieras que he muerto por mi mano. Yo conozco sus guaridas y sus costumbres; yo he combatido con ellas de día y de noche, á pie y á caballo, solo y en batida, y nadie dirá que me ha visto huir el peligro en ninguna ocasión. Otra noche volaría por esa banda, y volaría gozoso como á una fiesta; y sin embargo, esta noche... esta noche, ¿á qué ocultártelo? tengo miedo. ¿Oyes? Las campanas doblan, la oración ha sonado en San Juan del Duero, las ánimas del monte comenzarán ahora á levantar sus amarillentos cráneos de entre las malezas que cubren sus fosas... ¡las ánimas! cuva sola vista puede helar de horror la sangre del más valiente, tornar sus cabellos blancos ó arrebatarle en el torbellino de su fantástica carrera como una hoja que arrastra el viento sin que se sepa adonde.

Mientras el joven hablaba, una sonrisa imperceptible se dibujó en los labios de Beatriz, que cuando hubo concluido exclamó con un tono indiferente y mientras atizaba el fuego del hogar, donde saltaba y crujía la leña, arrojando chispas de mil colores:

—¡Oh! Eso de ningún modo. ¡Qué locura! ¡Ir ahora al monte por semejante friolera! ¡Una noche tan oscura, noche de difuntos, y cuajado el camino de lobos!

Al decir esta última frase, la recargó de un modo tan especial, que Alonso no pudo menos de comprender toda su amarga ironía; movido como por un resorte, se puso de pie, se pasó la mano por la frente, como para arrancarse el miedo que estaba en su cabeza, y no en su corazón, y con voz firme exclamó dirigiéndose á la hermosa, que estaba aún inclinada sobre el hogar entreteniéndose en revolver el fuego:

—Adiós, Beatriz, adiós. Hasta... pronto.

—¡Alonso! ¡Alonso! —dijo ésta, volviéndose con rapidez; pero cuando quiso ó aparentó querer detenerle, el joven había desaparecido.

A los pocos minutos se oyó el rumor de un caballo que se alejaba al galope.

La hermosa, con una radiante expresión de orgullo satisfecho que coloreó sus mejillas, prestó atento oído á aquel rumor, que se debilitaba, que se perdía, que se desvaneció por último.

Las viejas, en tanto, continuaban en sus cuentos de ánimas aparecidas; el aire zumbaba en los vidrios del balcón, y las campanas de la ciudad doblaban á lo lejos.

III

Había pasado una hora, dos, tres; la media noche estaba á punto de sonar, y Beatriz se retiró á su oratorio. Alonso no volvía; no volvía, cuando en menos de una hora pudiera haberlo hecho.

—¡Habrá tenido miedo! —exclamó la joven cerrando su libro de oraciones y encaminándose á su lecho, después de haber intentado inútilmente murmurar algunos de los rezos que la Iglesia consagra el día de difuntos á los que ya no existen.

Después de haber apagado la lámpara y cruzado las dobles cortinas de seda, se durmió: se durmió con un sueño inquieto, ligero, nervioso.

Las doce sonaron en el reloj del Postigo. Beatriz oyó entre sueños las vibraciones de la campaña, lentas, sordas, tristísimas, y entreabrió los ojos. Creía haber oído á par de ellas pronunciar su nombre; pero lejos, muy lejos, y por una voz ahogada y doliente. El viento gemía en los vidrios de la ventana.

—Será el viento —dijo; y poniéndosela mano sobre el corazón, procuró tranquilizarse.

Pero su corazón latía cada vez con más violencia. Las puertas de alerce del oratorio habían crujido sobre sus goznes con un chirrido agudo, prolongado y estridente.

Primero unas, y luego las otras más cercanas, todas las puertas que daban paso á su habitación iban sonando por su orden, éstas con un ruido sordo y grave, aquéllas con un lamento largo y crispador. Después silencio, un silencio lleno de rumores extraños, el silencio de la media noche, con un murmullo monótono de agua distante, lejanos ladridos de perros, voces confusas, palabras ininteligibles, ecos de pasos que van y vienen, crujir de ropas que se arrastran, suspiros que se ahogan, respiraciones fatigosas que casi se sienten, estremecimientos involuntarios que anuncian la presencia de algo que no se ve, y cuya aproximación se nota no obstante en la oscuridad.

Beatriz, inmóvil, temblorosa, adelantó la cabeza fuera de las cortinillas y escuchó un momento. Oía mil ruidos diversos; se pasaba la mano por la frente, tornaba á escuchar: nada, silencio. Veía con esa fosforescencia de la pupila en las crisis nerviosas, como bultos que se movían en todas direcciones; y cuando dilatándolas las fijaba en un punto, nada, oscuridad, las sombras impenetrables.

—¡Bah! —exclamó, volviendo á recostar su hermosa cabeza sobre la almohada de raso azul del lecho— ¿soy yo tan miedosa como estas pobres gentes, cuyo corazón palpita de terror bajo una armadura, al oir una conseja de aparecidos?

Y cerrando los ojos intentó dormir... pero en vano había hecho un esfuerzo sobre sí misma. Pronto volvió á incorporarse más pálida, más inquieta, más aterrada. Ya no era una ilusión; las colgaduras de brocado de la puerta habían rozado al separarse, y unas pisadas lentas sonaban sobre la alfombra; el rumor de aquellas pisadas era sordo, casi imperceptible, pero continuado, y á su compás se oía crujir una cosa como madera ó hueso. Y se acercaban, se acercaban, y se movió el reclinatorio que estaba á la orilla de su lecho.

Beatriz lanzó un grito agudo, y arrebujándose en la ropa que la cubría escondió la cabeza y contuvo el aliento.

El aire azotaba los vidrios del balcón; el agua de la fuente lejana caía, y caía con un rumor éterno y monótono; los ladridos de los perros se dilataban en las ráfagas del aire, y las campanas de la ciudad de Soria, unas cerca, otras distantes, doblaban tristemente por las ánimas de los difuntos.

Así pasó una hora, dos, la noche, un siglo, porque la noche aquella pareció eterna á Beatriz. Al fin despuntó la aurora: vuelta de su temor, entreabrió los ojos á los primeros rayos de la luz.

Después de una noche de insomnio y de terrores, ¡es tan hermosa la luz clara y blanca del día! Separó las cortinas de seda del lecho, y ya se disponía á reirse de sus temores pasados, cuando de repente un sudor frío cubrió su cuerpo, sus ojos se desencajaron y una palidez mortal descoloró sus mejillas; sobre el reclinatorio había visto sangrienta y desgarrada la banda azul que perdiera en el monte, la banda azul que fué á buscar Alonso.

Cuando sus servidores llegaron despavoridos á noticiarle la muerte del primogénito de Alcudiel, que á la mañana había aparecido devorado por los lobos entre las malezas del Monte de las Ánimas, la encontraron inmóvil, crispada, asida con ambas manos á una de las columnas de ébano del lecho, desencajados los ojos, entreabierta la boca, blancos los labios, rígidos los miembros, muerta; ¡muerta de horror!

IV

Dicen que después de acaecido este suceso, un cazador extraviado que pasó la noche de difuntos sin poder salir del Monte de las Animas, y que al otro día, antes de morir, pudo contar lo que viera, refirió cosas horribles. Entre otras, se asegura que vio á los esqueletos de los antiguos templarios y de los nobles de Soria enterrados en el atrio de la capilla, levantarse al punto de la oración con un estrépito horrible, y caballeros sobre osamentas de corceles, perseguir como á una fiera á una mujer hermosa, pálida y desmelenada, que con los pies desnudos y sangrientos, y arrojando gritos de horror, daba vueltas alrededor de la tumba de Alonso.

Cubierta y diseño editorial: Éride, Diseño Gráfico
Dirección editorial: ángel jiménez
Dirección de la colección: Ramón Paso
Maquetación: Ana Azorín

Primera edición: octubre, 2025

El monte de las Ánimas
Gustavo Adolfo Bécquer
© VdB, 2025
Espronceda, 5
28003 Madrid

VdB®

ISBN: 979-13-87644-44-4
Depósito Legal: M-22493-2025
Diseño y preimpresión: Éride, Diseño Gráfico

Este libro protege el entorno